中等职业教育规划教材

ZHONGDENG ZHIYE JIAOYU GUIHUA JIAOCAI

职业生涯规划与指导

张乐真 主编

范秀颖 副主编

郭美英 王朝晖 于吉翔 编委

人民邮电出版社

北京

图书在版编目（CIP）数据

职业生涯规划与指导 / 张乐真主编. -- 北京：人
民邮电出版社，2014.9（2016.7 重印）
中等职业教育规划教材
ISBN 978-7-115-36536-1

Ⅰ. ①职… Ⅱ. ①张… Ⅲ. ①职业选择－中等专业学
校－教材 Ⅳ. ①G717.38

中国版本图书馆CIP数据核字(2014)第160464号

内 容 提 要

本书详细介绍了职业生涯规划的方法，指导学生从认识自我、认识职场出发，了解职业规划策略，学会搜集信息、推介自己，了解求职技巧和职业发展所必须的知识和技能。本书结构分为认识自己、认识职场、职业规划与决策、职场入门、职场体验和职业发展 6 个单元，通过分析学生身边的生动的案例，激发学生进行自我生涯设计、管理和发展的热情，为其终身的职业生涯发展奠定良好的基础。

本书适合作为中等职业学校职业生涯规划课程的教材，也可供广大读者自学参考。

◆ 主　　编　张乐真
　　副 主 编　范秀颖
　　责任编辑　桑　珊
　　责任印制　焦志炜

◆ 人民邮电出版社出版发行　　北京市丰台区成寿寺路 11 号
　　邮编　100164　　电子邮件　315@ptpress.com.cn
　　网址　http://www.ptpress.com.cn
　　北京鑫正大印刷有限公司印刷

◆ 开本：787×1092　1/16
　　印张：7.5　　　　　　　　　　2014 年 9 月第 1 版
　　字数：139 千字　　　　　　　2016 年 7 月北京第 2 次印刷

定价：19.00 元
读者服务热线：(010)81055256　印装质量热线：(010)81055316
反盗版热线：(010)81055315

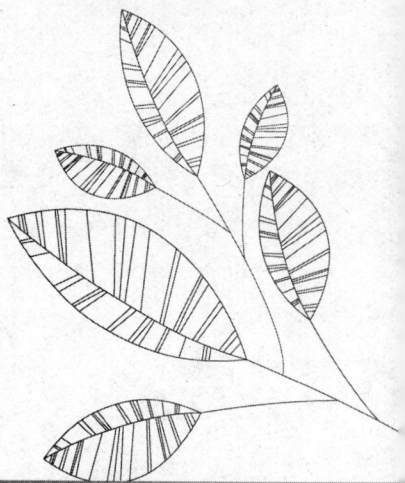

前言

本书应进一步深化中等职业学校教育教学改革、构建校本化课程体系要求，并弥补国家规划教材缺乏针对性的不足，提高教育教学实效而编写。

本书的结构分为认识自己、认识职场、职业规划与决策、职场入门、职场体验和职业发展6个单元，遵循从主观到客观，从自我到外围的逻辑思维顺序。教材立足学校的发展和实际，大量取用学校的优秀毕业生事迹，通过发生在身边的生动的案例分析，深入浅出的说理，帮助学生认识自我特点和工作世界，旨在对学生进行职业指导的同时提高学生的职业生涯规划意识，激发学生进行自我生涯设计、管理和发展的热情，为其终身的职业生涯发展奠定良好的基础。

本书在编写上，遵循学生的年龄特点，图文并茂，体例活泼，语言通俗，内容浅显易懂，具有较强的实用性。

本书由张乐真任主编，范秀颖任副主编，参与编写人员有：郭美英、王朝晖、于吉翔。

由于编者水平有限，书中难免存在不足之处，敬请广大读者批评指正。

编　者

2014 年 6 月

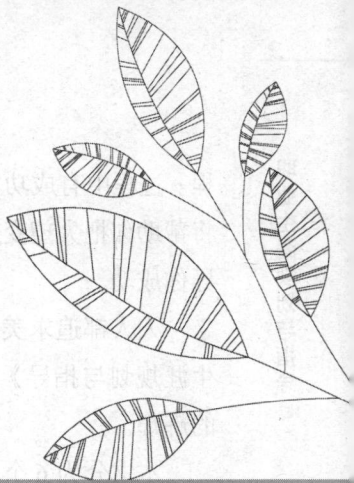

　　刚刚迈进中等职业学校大门的你，梦想过未来吗？青年时代是多梦的时代，这梦是多彩的梦，是编织未来的梦，是走向社会的梦。每个人都希望美好的梦想能成为现实，《职业生涯规划与指导》会让你找到美梦成真的途径，帮你开启充满希望的人生！

开启充满希望的人生

　　虽然刚刚十五六岁，但也经历了许多成功和失败，这些成功、失败已成为过去，一切从今天开始。生涯是人一生的经历，要下决心做生涯的赢家，信心十足地向往美好的未来，努力取得一个成功的生涯。回首往事，品味走过的岁月，会发现人生其实是一个不断积累的过程。过程中有成功、有失败，有顺利、有挫折，关键在于怎样对待。《职业生涯规划与指导》将帮助你把失望变成希望，把惆怅转变成自信，把烦恼转变为快乐，让你在挫折中振奋，引导你成功。

人人都追求美好的未来，它不是虚无缥缈的梦，而是清晰可及的境界。在学习《职业生涯规划与指导》的过程中，你将学会观望未来、把握现在，踏踏实实地去努力创造人生的辉煌。

本书分为 6 个单元，共 17 课，通过读读想想、职场连线、学以致用等环节，帮助同学们从身边的故事中感悟职业生涯的发展，设计规划指导自己的职业生涯。

自信是成功的前提！从现在做起，脚踏实地付出努力，未来就会充满希望。"少壮不努力，老大徒伤悲。"作为有理想、有追求、自信、自强的青少年，只要努力，一定能拥有成功的职业生涯！

目录

Contents

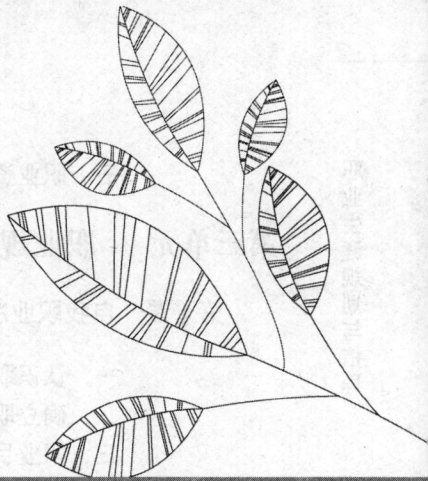

第一单元　认识自我

　　职业生涯规划先要从认识自我开始。良好的职业自我，是健康择业心理的核心。一个人应该能够全面恰当地认识自己，了解自己的思想、价值观，了解自身的气质、性格、兴趣、能力倾向等个性心理特征，对自己有一个实事求是、恰如其分的评价。选择与自己的气质、性格、能力相适应的工作，才能发挥自己的潜能，实现自我价值，提升自我形象。

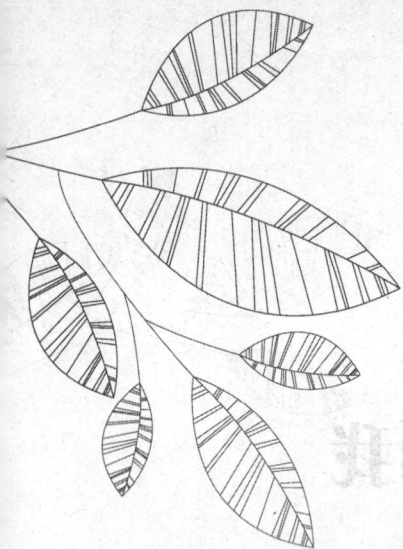

第 **1** 课

职业个性特征——我是谁？

我是谁？怎样认识自己？

每个人有不同的个性，反映在职业中的个性即为职业个性。职业个性特征包括气质、性格、能力等方面。

一、职业气质

我们常听别人说："这个人好有气质啊！"这主要是指一个人的仪表举止带给人的外在感觉。心理学上所讲的气质，是指人们心理活动的速度、强度、稳定性和灵活性等方面的心理特征在人的行为上的表现，它影响和制约着人的行动及其后果，具有积极的和消极的 2 个方面。所以，认清自己的气质，有助于你职业选择的成功。

1. 气质的类型

通常，气质分为胆汁质、多血质、黏液质和抑郁质 4 种类型。它们各有各的特点，当遇到具体事情的时候，个人的这些特点就会不由自主地表现出来。

趣味故事

有4位先生相约去看电影，不巧电影已开场，检票员拦住他们说："已经开场了，根据电影院规定，开场后不得入内。"这时，第1位先生火冒三丈，与检票员吵了起来；第2位先生慢条斯理地与检票员讲道理；第3位先生，趁着他们吵架的时候偷偷地溜进了电影院；第4位先生唉声叹气地回家了。

这4位先生代表了4种典型的气质类型。

第1位先生是胆汁质。这种气质类型的人精力旺盛，热情直率，激动暴躁，情绪体验强烈，活动具有很强的兴奋性，反应速度快却不灵活。他们能以极大的热情去工作，克服工作中的困难，但若对工作失去信心，情绪立即会低沉下来。

第2位先生是黏液质。这种气质类型的人情绪兴奋性低，安静沉稳；内倾明显，外部表现少，反应速度慢，但稳定性强，偏固执、冷漠；比较刻板，有较强的自我克制能力，能埋头苦干，态度稳重；不易分心，对新职业适应慢，善于忍耐。

第3位先生是多血质。这种气质类型的人活泼好动，性情活跃，反应敏捷，易适应环境，善于交际。这类人工作能力较强、情绪丰富且易兴奋，但注意力不稳定，兴趣易转移。

最后一位先生是抑郁质。这种气质类型的人敏感，行动缓慢，情感体验深刻，观察力敏锐，易感觉到别人不易觉察的细小事物，易疲倦、孤僻，做事审慎小心，易产生惊慌失措的情绪，往往是多愁善感的人。

事实上，大多数人总是以某种气质为主又附有其他气质。

2. 气质与职业选择

气质在人的实践活动中不起决定作用，但它可能影响活动的效率。例如，要求做出迅速灵活反应的工作，具有多血质和胆汁质的人比较合适，而具有黏液质和抑郁质的人则较难胜任；反之，要求持久细致的工作，具有黏液质、抑郁质的人较为合适，而具有多血质、胆汁质的人又较难适应。显然，为了提高工作效率，就要对不同职位和岗位员工的气质特征提出特定的要求，有些特殊工种还有其特殊要求，否则是难以适应和胜任的。例如，专家研究发现，多血质、黏液质或两者的混合型是管理人员较为适宜的气质类型。

尺有所短，寸有所长。人的气质差异是客观存在的。我们在选择职业的时候要结合自己的气质进行设计，才能更好地适应职业生活。

问题聚焦　参考下面所列气质类型，与自己相对照，看看自己属于哪种？

多血质的人，反应迅速灵活，善于交际性格爽朗，但注意力容易转移、兴趣容易变换。这类人对职业有较广的选择范围和机会，适合选择公关交往和社会服务型的职业，从事要求迅速灵活反应的工作，如导游、管理、律师、记者、演员、外交、公安、军人等。但不适宜从事单调机械的工作和要求细致的工作。

胆汁质的人，态度直率，精力旺盛，情绪易于冲动，心境变换剧烈，敏捷果断，进取心强，但缺乏灵活性。适合从事具有冒险性、刺激性、竞争激烈的工作或社会服务性的工作，如探险、地质勘探、登山、体育运动等，或导游、演讲、节目主持、推销、服务等工作。

黏液质的人，通常具有稳重安静、反应缓慢、耐心谨慎、从容不迫、情绪不轻易外露、注意力稳定难于转移、固执拘谨、因循守旧、精神怠慢等特点。适合从事要求稳定、细致、持久性的活动，如会计、法官、管理人员、外科医生、文员、图书管理员等，但不适宜从事具有冒险性的工作，以及变化快、需要创造力的工作。

抑郁质的人，具有行动迟缓、性格孤僻、体验深刻、敏感多疑、善于察觉别人不易察觉的细小事物、心情消沉、自卑谦让、安分守己、忠于委任等特点。他们适合于要求精细、敏锐的工作，如哲学、理论研究、应用科学等；或比较单一而又具体的工作，如打字员、化验员、机要秘书等。

二、职业性格

1. 性格对职业生涯发展的作用

性格是一个人在对待客观事物和社会行为方式中所表现出来的比较稳定的个性心理特征，即一个人对事物的稳定态度和与其相适应的习惯化了的行为方式。性格分为外向型 、内向型、中间型3类。

外向型人的主要特征有活动性、灵活性、开放性、现实性、适应性、显示性等。这种类型的人多为开朗的乐天派，为人处世灵活多变、热情好客，能较好地适应外界变化，善于与人打交道。然而，他们有时做事马虎、松散、容易急躁。外向型的人适合从事工作内容变化比较大的职业。

内向型的人主要特征有安全性、规律性、伦理性、计划性、缜密性、克制性等。这种类型的人多数较严谨、有计划、讲信誉、遵守规则。但他们有时处事犹豫不决，迟迟不见行动。在处理人际关系时，不如外向型的人爽快和易于接近。不过，专心致志、持

之以恒是内向型人的长处。内向型的人能较好地处理工作内容相对固定的工作。

中间型既有外向型的一些特征，又有内向型的一些特征，所以中间型的人在职业适应性方面更宽泛。

并不是每一种职业对性格都有特殊要求，例如诗人，李白飘逸，性格外向，被人称为"诗仙"；杜甫沉郁，性格内向，被人称为"诗圣"。性格外向的人，可以大笔勾勒、跌宕生态；性格内向的人，可以深邃含蓄、意味隽永。

读读想想

学汽车维修也能在汽车营销行业得到发展

小斌的父母看到国家鼓励汽车进入家庭，认为学汽车修理将来不愁找不到工作。口才好、爱交际的小斌属于变化型、独立型、劝服型性格，拗不过父母，只好学了汽修运用与维修专业。虽然他学习努力，但总觉得汽车构造、汽车故障排除之类的课太枯燥。当知道学修汽车的人如果学会推销往往能取得更好的业绩时，他高兴极了，决定今后向汽车营销方面发展。他不但对那些原本枯燥的课产生了兴趣，还想方设法把这些知识与销售汽车联系起来，并选学营销方面的知识。

毕业后，小斌找到一份汽车营销工作，到处跑到处谈，性格优势得到充分发挥，成为公司的业务骨干。

温馨提示：

把择业面拓宽一点，将自己的性格与所学专业联系起来，就会有"山穷水尽疑无路，柳暗花明又一村"的感受，就有可能发现既专业对口，又符合自己性格的职业。

2. 职业性格

性格对职业生涯发展有影响，让类似"张飞"性格的人去做文员，一定会让上司头痛；让类似"林黛玉"性格的人去开拓市场，业绩肯定不太理想。同样，不同的职业也要求从业者具有与之相适应的职业性格。职业性格是人们在长期特定职业生活中所形成的与职业相联系的比较稳定的心理特征。

科学家依据性格与职业的关系，把性格更细致地划分为9类，并将不同的职业所对应的性格类型列了出来（见"问题聚焦"）。这种分类，反映出性格与职业的相互关联。不同类型的职业对从业者性格的要求各不相同，而不同性格类型的人适合的职业也各不相同。

事实上，大多数人兼有多种类型的职业性格，只不过有的占主导地位，有的占次要地位。同样，每一种职业要求从业者具有的性格类型也不是 1 种。

问题聚焦 先依据职业性格及其特点，判断一下哪几类性格比较符合自己；再参考本栏目结尾处的举例，从你所学专业的对应职业群中选 2～3 个职业。说说这些职业需要从业者具有哪些职业性格，按职业活动的重要性将职业性格排序，列出前 3 位即可。

（1）变化型。在新的或意外的工作环境中感到愉快，喜欢工作内容经常有些变化，在有压力的情况下工作出色，追求并能适应多样化工作，善于将注意力从一件事转到另一件事情上。

（2）重复型。适合并喜欢持续地从事同样的工作，喜欢按固定模式或别人安排好的计划、进度办事，爱好重复的、有标准规则的工作。

（3）服从型。喜欢配合别人或按别人的指示办事，愿意让别人支配自己的工作，不愿意自己独立做决策和担负责任。

（4）独立型。喜欢计划自己的活动并指导别人的活动，在独立的、负有责任的工作中感到愉快，喜欢对将要发生的事情做出决定。

（5）协作型。在与人协同工作时感到愉快，善于引导别人按客观规律办事，希望得到同事的喜欢。

（6）劝服型。善于说服别人，能通过谈话和文字交流沟通，对别人的反应有较强的判断能力，并善于影响他人的态度、观点和判断。

（7）机智型。在紧张、危险的情况下也能很好地执行任务，出现意外时善于自我控制、镇定自若、不易慌乱、应变能力强。

（8）自我表现型。喜欢表现自己，善于表达自己的思想和感情。

（9）严谨型。注意细节的精确，在工作过程中按规则、有步骤地开展工作，追求尽善尽美。

职业对从业者职业性格要求举例：

金属切削加工：重复型、服从型、协作型。

商业采购人员：变化型、独立型、劝服型。

售货员：变化型、协作型、劝服型。

护士：变化型、独立型、协作型。

厨师：变化型、独立型、严谨型。

演员：自我表现型、协作型、变化型。

导游：变化型、独立型、自我表现型。

警察：机智型、独立型、变化型。

性格存在可塑性。已经专业定向的中职生，应该按照即将从事的职业对从业者的性格要求，在日常生活、职业环境中磨炼自己，改造甚至重塑自己的性格。

日常生活中会发现，许多从事同一职业的人有相似的性格。其中既有原本就适合这种职业的人，也有为了职业需要调适自己性格的人。后者自然要比前者多些付出，但努力了，就一定会有回报。

改变带来了另一片天空

读读想想

小李学的是电子技术应用，他性格内向、少言寡语，为人真诚，吃苦耐劳。毕业后在一家企业做电器维修工，只与机器打交道，小李感到特别满意。可是好景不长，企业破产，他只好另谋职业。

小李通过一家外资企业的技能考核，成为一名外修技术员。这份工作需要善于和陌生人打交道，性格得外向，不然就不能胜任工作。他除了在技术上尽快适应新岗位外，更加刻意地与别人交流，主动和陌生人交往。渐渐地小李的性格开朗起来，干劲更足了，加上他吃苦耐劳、责任心强，很快成为外修服务的骨干。

经过几年积累，已经性格外向、富有冒险精神的小李，决定开办自己的公司。自己经营公司并不容易，但几经挫折，小李经受住了严峻考验，变得更加坚强。几位同学看到性格变化后的小李这么能拼敢闯，纷纷加盟合作，使他的公司更上一层楼。

温馨提示：

技能固然重要，但适应职业需要的性格对职业生涯发展更重要。在未来，终身只从事一份职业的可能性越来越小了，这就要求你不仅要选择适合自己个性的工作，更要善于调适自己的性格，主动适应岗位变化的需要。能主动按职业需要调适自己性格的人，职业生涯发展的机会就会更多。

三、职业能力

1. 能力对职业生涯发展的作用

能力往往是我们评价一个人的重要标准。从心理学角度看，能力指顺利地完成某种活动所具备的稳定的个性心理特征。能力直接影响人们的工作和学习的效率。

各行各业为了保证职业活动顺利完成，都要求从业者必须具备该项职业活动所需的能力。个人能力是否符合职业要求，直接影响职业生涯发展。

职业能力是从业者在职业活动中表现出的、能动的改造自然和改造社会的实践能力，由专业能力、方法能力以及社会能力构成。

专业能力是指从业者对从事职业活动所需要的专业知识、技能的掌握和运用水平，强调运用性、针对性。方法能力是指从业者对从事职业活动所需要的工作方法、学习方法的掌握、选择和运用水平，强调合理性、逻辑性、创造性。社会能力指从业者在从事职业活动时适应社会和融入社会的水平、程度，强调适应性和积极的人生态度。

人的能力有差异，科学家依据能力与职业的关系，把职业能力划分为9类。

问题聚焦

对照以下9种能力，看看自己哪种能力最强，哪种最弱，试着按从强到弱的顺序把自己这9种能力排序；再从你所学专业的对应职业群中选3种职业，说说这些职业是否需要具备这9种能力，并选出排在前3位的能力。

（1）一般学习能力。指人认识、理解客观事物并运用知识、经验等解决问题的能力。它包括记忆能力、观察能力、注意能力、想象能力、逻辑思维能力，其中核心是逻辑思维能力。

（2）语言能力。指对词语、句子、段落、篇章的理解和使用能力，以及清楚而正确地表达自己的观点和向别人传达信息的能力，包括书面、口头2种形式。

（3）算术能力。指迅速而准确地进行运算的能力。

（4）空间判断能力。指理解几何图形、识别物体在空间运动中的联系、解决几何问题的能力。

（5）形态知觉能力。指正确而迅速地感知物体或图形的细微差异的能力。

（6）文秘能力。指对言语或表格式的材料具有知觉细节的能力，发现错别字（含数字）和正确地校对的能力。

（7）眼手协调能力。指眼和手迅速、准确、协调地做出动作和运动反应的能力。

（8）手指灵活能力。指手指迅速而准确地活动和操作小的物体的能力。

（9）手的灵巧能力。指手灵巧而迅速活动的能力。

读读想想

著名数学家陈景润曾经当过中学数学老师，但不太受学生欢迎。因为他的口头语言表达能力较差，人际交往和组织管理能力也不强。但他的学习能力极强，有超强的记

忆能力、注意能力、想象能力、算术能力和高于常人的逻辑思维能力。这种能力特征，使他能成为攀登科学高峰的数学家，却不能成为合格的中学数学老师。

北京百货大楼优秀售货员张秉贵，以"一团火"的精神为顾客服务。他苦练基本功，锻炼出良好的语言表达能力、眼手协调能力、手指灵活能力和心算能力，做到在连续作业时，平均 50 秒钟接待 1 位顾客，成为全国劳动模范。他创造的"接一、问二、联三"的方法能同时接待 3 位排队顾客。即接待第 1 位顾客时向第 2 位顾客问好，并用点头或眼神向第 3 位顾客示意。他还采取"一口清"的方法，一口气报出商品的单价、实重、应收款、实收款、应找款；并采取"一抓准"的方法，熟练地对糖果进行抓、称、包、扎等工序。

温馨提示：

不同职业对从业者的能力要求不同。具有符合职业要求的能力，是职业生涯发展得以成功的保证。对职业的热爱，能促使从业者锻炼出超乎常人的职业能力。

2. 能力可以提高

每个人的能力都是不同的。也许一个人开始时不具备某种职业能力，但只要他在职业实践中刻苦努力，职业能力不但可以获得发展和提高，还有可能挖掘出潜能。

有一个平时不爱说话的女同学，在班里是个被人指挥的"配角"，但她很羡慕能在大庭广众之下演讲的同学，羡慕有组织能力的班干部。她意识到工作后缺乏语言表达能力和组织能力将会失去很多机会，于是开始在小组会上积极发言，为参加演讲比赛一次次地对着镜子训练，并从组织同学出班报开始，锻炼自己的组织能力。终于，她不但在演讲比赛中获了奖，而且渐渐展示出了较强的组织能力。

学以致用

【网上测试】

测试内容：个人的职业气质、职业性格、职业能力。

（1）两三个人为一组，上网用搜索引擎寻找免费的职业气质自测表，自测表要求使用方便、能自动显示结果，并适合中职生测试。用选出的自测表测试自己的职业气质，并记录结果，思考测试结果与自己的兴趣是否一致。

（2）按相同的方法和要求找出职业性格、职业能力的自测表，测试自己的职业性格、职业能力。

【思考人生】

（1）分析自己的潜能是什么，制定出潜能在职业生涯发展中发挥作用的方案。

（2）找几个因为挖掘潜能从而获得成功的职业生涯的例子，和同学交流感想。

（3）自己有哪些能力在初中阶段没有被发现？讨论为什么进入中职学校后这些潜能被挖掘？

【想一想，做一做】

（1）找出因"不拘小节"而误事的实例，和同学交流一下，并总结经验教训。

（2）列出 3 条好习惯养成的要求，争取文字精炼。

（3）行动落实：从现在开始落实 3 条中的 1 条，请同学监督、帮助，坚持 1 个月。

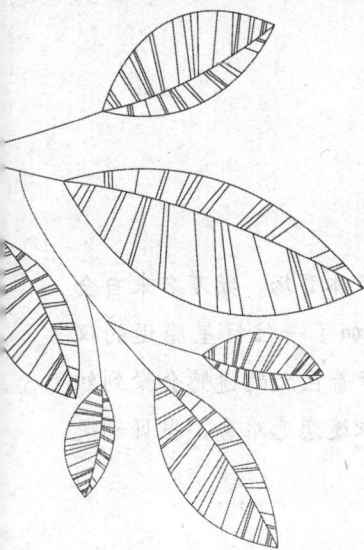

第 **2** 课

职业个性倾向——我想干什么？

职业个性倾向包括需要、兴趣、价值观等。它们决定着你想从事什么样的职业。一个人如果清楚地知道了自己想做什么，他就有了自身发展的方向和动力。

一、职业兴趣

1. 兴趣对职业生涯发展的作用

兴趣是人们积极探究某种事物或进行某种活动的心理倾向。这种倾向带有稳定、主动、持久等特征。

职业兴趣就是一个人对某种专业或职业活动的喜爱程度，职业兴趣在职业活动中起着重要的作用。如果一个人对某种工作产生兴趣，在工作中就会具有高度的自觉性和积极性，在工作中出成绩；反之，则会影响积极性的发展，有可能一事无成。爱因斯坦曾经说过："兴趣是最好的老师。"

择己所爱

1978 年 8 月 4 日，美国纽约市体育场，数万名来自全球各地的观众怀着复杂的心情参加了一位巨星隐退的仪式。一代球王贝利终于要退出绿茵场，举行告别赛了。球迷们带着巨大的遗憾会聚到纽约，欣赏这位天才的最后表演。场上的贝利百感交集，场下的球迷恋恋难舍。当贝利哽咽着宣布从此退出足坛时，场上场下涕泪交流。

是什么造就了贝利，造就了历史上最伟大的球王？

显然，数 10 年的刻苦训练、坚毅的品格、非凡的天赋都是贝利成为巨星的原因，但最不可缺的却不是这些。

贝利说："我热爱足球，足球是我的生命！"

执迷不悔的爱恋是贝利踢球的原动力，在一种与生俱来的兴趣的引导下，贝利步入绿茵场，成为万众瞩目的英雄。

年轻时贝利当运动员；退役后，他做教练，当评论员。贝利以足球为生，足球事业是贝利终生的职业。也正是足球，给贝利的一生带来了无穷的乐趣、无上的荣誉和无尽的财富。从事一项你喜欢的工作，这工作本身就能给你一种满足感，你的职业生涯也会从此变得妙趣横生。

科学家依据兴趣与职业的关系，把人的兴趣划分为 10 类，每类对应着不同的职业群。这种分类，既反映出具有某种兴趣的人适合从事哪类职业，也反映出某些职业对从事者个性特点的要求。

参照下面所列的兴趣类型，与自己相对照，看看自己属于哪类。还可以按兴趣类型补充你所知道的职业，并说出原因。

（1）喜欢同工具、器具或数字等事物打交道的人，适合的职业有制图员、修理工、裁缝、木匠、建筑工、出纳员、记账员、会计等。

（2）喜欢与人打交道的人，适合从事销售、采访、销售交流等职业，如记者、营业员、服务员、推销员等。

（3）喜欢有规律的工作，或在预先安排的程序下做细致工作的人，适合的职业有邮件分类员、图书管理员、办公室职员、档案整理员、打字员、统计员等。

（4）喜欢帮助别人的人，适合从事社会福利和助人工作，如医生、律师、护士、咨询人员等。

（5）喜欢从大局着眼、做一些计划和规划的人，适合做行政、组织工作，如办公室、人力资源管理等。

（6）喜欢研究人的行为、举止和心理状态的人，适合从事心理咨询师、政工人员、社会工作者等工作。

（7）喜欢分析、推理、测试之类的活动，长于理论分析、善于独立解决问题，并通过实验获得新发现的人，适合的职业有生物、化学、物理、工程方面的研究人员等。

（8）有想象力和创造力，喜欢挑战和创新的人，适合从事一些能发挥他们的创造性的工作，如演员、创造人员、设计人员、画家等。

（9）喜欢运用一定的技术、操纵各种机械、制造产品或完成其他任务的人，适合从事操纵机器的技术工作，如机床工、驾驶员、飞行员等。

（10）喜欢制作能看得见、摸得着的产品，希望很快看到自己劳动的成果，从完成的产品中得到自我满足的人，适合从事一些具体的工作，如厨师、园林工、理发师、美容师、室内装饰工、畜牧养殖等。

上述所列的只是比较典型的一些兴趣类型，有的人兴趣比较单纯，上面某一项就可以涵盖了；而有的人兴趣比较广泛，可能兼有上述的 2 类或几类，对职业的适应面就比较宽。

2. 兴趣需要培养

如果在所学专业对应的职业群中，没有找到自己感兴趣的职业怎么办？在这种情况下，我们应该先深入了解即将从事的职业。还不了解自己即将从事的职业，就认为自己不感兴趣，是不少初入学的中职生的心态。其实，对这一职业群不感兴趣的主要原因在于缺乏对这些职业了解、喜欢、热爱、沉醉和奉献的过程。许多有成就的人并非一开始就对自己所从事的职业有兴趣，而是在后来的接触中了解这个职业，通过了解开始喜欢，在喜欢的基础上产生了对职业的热爱。

怎么了解即将从事的职业呢？

首先是多搜集自己所学专业的对应职业群的有关信息，关注它们的现状和发展趋势；多参与职业实践活动，在实践中感受取得成功的快乐；多了解本行业成功人士的事迹，通过真人真事感悟这一职业的乐趣。

其次，学好专业课。知识的积累、技能的提高是形成职业兴趣的源泉，兴趣是在长期教育影响与社会实践中不断发展起来的。专业课学习的过程，也是对即将从事的职业深入了解的过程。

读读想想

刘志强是学建筑专业的学生，性格内向，对建筑有着浓厚的兴趣。在校期间，他把自己的专业和兴趣紧紧地联系在一起，

全身心地投入到学习中。为了提高测量水平，他充分利用中午休息和下午放学的时间，扛着测量设备奔跑于校园中，日复一日，月复一月，竟成为学校的一道风景。2009 年，他带领其他同学一举获得青岛市建筑技能大赛一等奖，也使所在学校创下了市技能大赛八连冠的记录。他个人还被评为"青岛市专业技能未来之星"。

再次，要拓展自己的兴趣范围。我们应该培养自己对众多事物的兴趣，增强对陌生事物的好奇心，好奇心是形成学习兴趣的先导。

在从业过程中，如果对事业有追求，就会在目前的岗位上付出努力，从成功中获得喜悦，逐渐形成对这一职业的兴趣。对于已经专业定向的中职生来说，更应该加强培养对即将从事的职业的兴趣。

二、职业价值取向

职业价值取向是人们谋取一份职业的社会行为目的，决定人的就业方向和职业行为，影响人在职业活动中的态度，是人在从业过程中的驱动力。不同的人职业价值取向也不同，科学家把人们形形色色的职业价值取向归纳为 13 种。一般来讲，绝大多数人的职业价值取向不是单一的，往往有多种，是综合性取向。不同的人不仅在取向范围上有区别，也在取向重要性排序上有所区别。

问题聚焦

从以下 13 种职业价值取向中，选出你认为最重要的 5 种，并按重要性排序。你的价值取向中有哪些意见和父母的意见一致，有哪些不一致？

（1）成就感：希望提升社会地位，得到社会认同，追求成功，重视旁人对自己的评价。

（2）道德感和使命感：重视所从事职业在社会发展中的作用，将个人职业生涯发展与社会发展的目标紧密结合，愿意为社会和他人贡献一份力量。

（3）美感：能有机会多角度地欣赏周围的人和事物的美，有机会发展美和创造美。

（4）挑战感：能有机会运用自己的聪明才智解决困难，能突破传统方式，用创新的方法处理事务。

（5）健康：能让自己免于焦虑、紧张和恐惧，希望能平心静气地处理事务，追求身体的健康和心理的安逸。

（6）收入与财富：所从事的职业能明显、有效地增加自己的收入，重视收入的不断增长。

（7）独立性：工作有弹性，可以掌握自己的时间和行动，自由度高。

（8）家庭和人际关系：重视自己所从事的职业对家庭的影响，关心、体贴家人和他人，愿意协助他人解决困难，重视人际关系的和谐。

（9）欢乐：享受人生，结交新朋友，追求职业活动中的欢乐感。

（10）权力：能够影响或控制他人，让他人按照自己的意愿行动。

（11）安全感：能满足基本需求，职业稳定，有安全感，发生突如其来的职业变动的可能性小。

（12）自我成长：所从事的职业有利于知识、能力的提升，有利于人生经验的积累，有利于职务的晋升。

（13）协助他人：重视自己的行为使他人受惠，重视自己的付出有助于所在团体的发展。

个人的职业价值取向，必须从实际出发。所以要经常反思自己的职业价值取向，并及时调整使之符合实际，让自己经常处于心情舒畅、精神焕发的心境之中。

前述 13 种职业价值取向可以分为 3 类：一是维持并提高物质生活的需要，通过从事职业活动取得报酬，满足衣、食、住、行等方面的需求，这是最基本的要求；二是满足精神生活，实现人生价值，特别是发展个性的需要，在物质生活水平大大提高的今天，人们的这种需要越来越强烈了；三是承担社会义务的需要，即通过从事职业活动，履行社会分工中应尽的职责，为祖国、为人民多做贡献，尽一个公民应尽的义务。

不同思想境界的人，对这 3 种需求排序的次序不同，但多数人追求的是多重满足。既希望为社会多做贡献，又希望个人的物质、精神需要得到满足。我们要善于根据实际情况，处理好三者之间的辩证关系。

向上走，向下走

读读想想　小李和小刘是学电子技术应用专业的同校同学，来自同一个街道。毕业时，一家知名大企业吸引了他们，但这家企业没有适合机电专业的岗位。

小李托关系进入这家企业，并庆幸自己有了衣食无忧的前程。小刘决心学以致用，进了街道的一家小工厂，收入少但专业对口，能用自己的才能为家乡出一份力。3 年后，凭自己过硬的技术、踏实肯干的工作态度和良好的人际关系，小刘被提拔为车间主任。两个人相遇，小李西装革履，小刘身着工作服。小李拍拍小刘的肩膀说："向上走，在大城市舒服一点；向下走，在小庙里太苦喽！"

又过了几年，没有特长的小李终于被大企业裁员。他拿着招聘简章到一家公司登门求职，与小刘不期而遇。原来小刘所在的小工厂扩大规模、改制公司、广招人才，小刘被升任公司总经理。小刘握着小李的手说："来吧，公司需要学机电专业的人。"

温馨提示：

向上走未必高枕无忧，向下走也能柳暗花明，职业价值取向要符合实际。在就业形势不断变化的当下，在选择职业时，应首先考虑那些有利于自身职业素质和职业能力不断提高的岗位，不能只顾眼前利益，要注重可持续发展的可能性。

学以致用

【思考人生】

1. 你有哪些兴趣？是否与所学专业相适应？怎样处理兴趣与专业、兴趣与工作之间的关系？

2. 我为自己的兴趣做了什么？怎样看待平衡与发展这个观念？

【想一想】

想一想自己的职业价值取向是否需要调整，哪些应该调整？

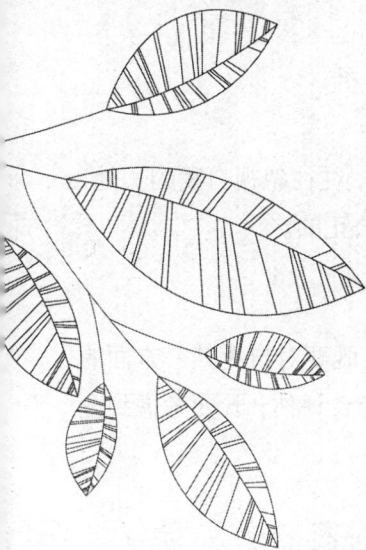

第 **3** 课

评价自我——认识自己

每个人都应该正确地认识自我、评价自我。中国有句古话"知己知彼，百战不殆"，其实，这一至理名言，早就不是军事家的专利了，它是人们千百年来人生经验的总结。正确认识自我、评价自我，是一个人日趋成熟的重要标志，也是一个人改造自我、发展和完善自我的要求。

一、自我评估的原则

自我评估是建立在自我观察与自我分析基础上的全面评估。自我评估主要包括自省、听取他人评价、接受他人或自行进行心理测量等。既要重视躬行自省，又要广泛听取他人意见；既重视心理测量结果的重要参考作用，又不应对其产生绝对迷信。不论采用何种方法，都要注意相互之间参照，这样才有利于做出准确全面的自我评估。正确的自我评估，应把握如下原则：

1. 自我评估应该适当

不适当的自我评估包括过高的评估和过低的评估。过高的评估往往使自己脱离现实，意识不到自己的条件限制，甚至自傲狂妄；过低的自我评估，往往忽视自我的长处，缺乏自信，过于自卑。过高或过低的自我评估，对自己都是不公正的。

2. 自我评估应当全面

既要看到自己的优点和特长，又要看到自己的缺点和不足；既要对自我某一方面的特殊素质进行具体评估，又要对其他各个方面的整体素质进行综合评估；既要考虑到全面的整体因素，又要考虑到其中占主导地位的重点因素。

3. 自我评估应当客观

尽管是自己对自己进行观察、分析和评价，但毕竟需要以客观事实作为基础和依据。人贵有自知之明，只有努力克服和排除这种限制及干扰，才有可能使自我评估趋于客观和真实。

4. 自我评估应有发展眼光

世间万物都不可能是静止不变的，包括自我评价者自己。人随着社会发展在发展、变化、进步，自我评价不但应当对自己的现实素质作出适当、全面、客观的评价，而且应当着眼于未来的发展变化，预见性地估价自己将来的发展潜力和前景。

二、自我评估的方法

在认识活动中，对人的认识是最困难的，因为人是发展变化的，而且有的人还会以假象对人。在认识人的活动中，对自己的认识更加困难，当事者往往评估不准。所以，自我认识和自我评估需要科学的方法。

1. 在现实生活中进行评估

我们生活在这个社会里，要为这个社会工作、服务，有必要首先了解社会对人的要求，对照社会的要求，了解自己有什么、自己缺什么、"缺口"有多大，自我认识也就较为清楚了。这就是说，自己对自己的认识和评估，需要以客观事实作基础和依据。

2. 在比较中进行评估

我们要认识和评价自己，不妨把自己放在群众之中，放在同行之中，从优势到弱势，在素质要求的各个方面都和别人比一比。如果你在人群之中处处是佼佼者，那自我评价就应高一些；如果在诸多方面技不如人，那就要虚心一些，就不能对自己评价太高。在自我评价时，也不妨听一听别人对自己的评价，特别是那些与自己关系密切的、较为了解自己的老师、同学、朋友和亲属，他们是"旁观者清"，他们的评价意见往往是客观

的、中肯的。根据这样的意见再去认识自我，自我评估就会更加接近准确。

3. 全面辩证地评估

所谓全面的方法包含两层意思。一是对自身素质，即德、智、体、美各方面素质有全面的了解；二是要对自己的优势和弱势做全面的分析，世上尽善尽美的人是不存在的。自我认识和自我评价应该避免两种心理障碍。一是自信心理，过于自信者认为自己什么都行，别人什么都不行，看自己是朵花，看别人是豆腐渣；二是自卑心理，自卑者认为自己什么都不行，事事不如人，于是学习没有信心，求职就业也不会有信心。

4. 借助科学手段进行测评

可使用专家量表测评，如美国著名职业指导师霍兰德的《职业性格测验量表》等，也可用网上测评软件，但需要进行选择，使用可信度高的测评软件。

读读想想

小薇是高二的学生，平时学习认真，成绩也不错，但最近增添了很多困惑。想到明年自己就要毕业了，小薇不知道自己应该去做什么，不知道什么工作适合自己。想到就业去向，有时候想去大公司，有时又想到自己家周围的民营小厂，拿不定主意，非常纠结。

于是，她找到了学校的德育老师咨询。老师说，这是很多同学都会遇到的困惑，是属于职业取向的问题。通过咨询，小薇明白了正确的职业取向有 3 个前提：你想干什么（职业期望）、你能干什么（职业素质的具备）和你面临的环境允许你干什么（机会、条件、渠道等）。一个人的职业生涯是这 3 个前提的有机结合。只有平衡和把握了自己的职业取向，才有可能选择到自己合适的职业，尽快就业。

温馨提示：

小薇就业的 3 个前提是需要认真思考的，可以通过分析个人情况、利用职业测评了解自己的气质类型、性格特点、兴趣爱好、职业价值取向等，分析当前就业形势，制订自己的职业计划和实施方案。

学以致用

【网上测试】
测试内容：自我评估

测试方法：两三个人一组，上网用搜索引擎寻找免费的自我评估自测表，测表使用方便，能自动显示自测结果，并适合中职生测试。

【做一做】

小组游戏：眼睛、耳朵、嘴巴同在。

几个人为一组。一人讲述自己的优点和缺点，讲述从事某一职业的优势和弱势，以进行自我评估；听者从客观、公正的态度看、听，说出作为一名旁观者对自我评估者的评价。

第二单元 认识职场

任何事物都是由客观与主观两个方面构成的，社会更是如此，职业领域是一个大社会，涉及纷繁复杂的种种矛盾。在了解了求职者进入职场的主观要件后，我们必须对职业领域的客观要素进一步解读。

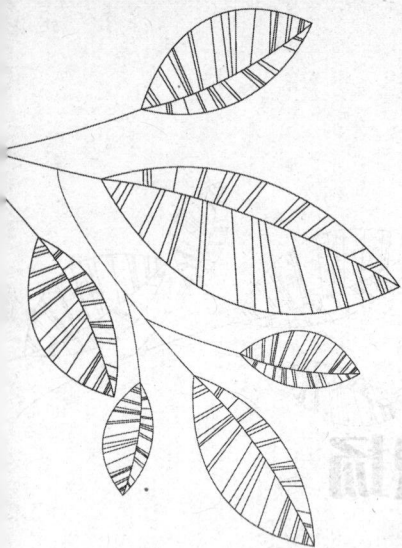

第 **1** 课

职场环境——我在哪里？

职业不但是获取报酬、维持生存的手段，还提供了发展自己、实现自我的机会，是实现人生抱负、为社会做贡献的平台。在充分认识了"我是谁"、"我能干什么"的前提下，必须对求职环境有一个清醒、理性、全面的认知与把握。把握职场现状，了解职场潜在趋势，进而有效地进入职场，顺利就业，开始职业生涯，抵达自我实现境界。

中职生就业，必然受到社会环境、行业环境、个体环境的影响与制约，就业者必须对此有所了解与把握。

一、社会环境

社会环境是指社会各种客观因素所形成的职场就业的总体氛围。它包括国家经济发展、区域经济的发展、就业政策与制度的设定。

1. 国家经济发展

国家的经济发展是影响劳动就业最直接的因素。中职生选择职业，不可避免地要

受到社会经济的影响与冲击。经济发展科技进步、劳动生产率提高，就会加速职场的变化，增加就业岗位，为中职生提供良好的就业机遇；反之，经济萧条，就业机会也会相应趋紧。

改革开放的 30 多年，是我国翻天覆地的 30 多年，也是综合国力逐步提升、国际地位逐年提高的 30 多年。社会的飞速发展，为中职生就业提供了机遇与可能。这种发展最直接地反映在职场上，就是新兴职业不断涌现，各产业发展迅猛，提供的职业岗位也越来越多；再如，在国家打造先进制造业基地的政策导向下，熟练技工出现大量缺口。中职生就必须把握机遇，充分发挥主观能动性，主动适应社会需要。

潜在职业与职位

拓展空间

职业是随着社会的进步而发展的。在科学技术日新月异的今天，职业的专业化、分工的精细化越来越强，必须对朝阳阶段的职业有清醒的认识，对处于衰落阶段的职业有前瞻把握，从而规避风险，将就业的道路越走越宽，获取更高的薪酬，获得更多发展契机。所谓潜在的职业与职位，就是指那些在现阶段尚处于隐性、不明确、边缘化的，但在不久的将来会成为显性、明确、主流的职业和职位。

据对有关报载信息的综合处理，在全国各地的新兴职业发布会上，五彩缤纷的新职业不断新鲜"出炉"，这些是：

速录员：主要技能是打字记录，速度比说话还快，电脑录入速度为 150 ～ 180 字每分钟，完全跟得上说话人的进度。这些速录员主要活动在大型会议上、商务访谈、新闻采访、高级课堂听课记录等场合，是传统文秘的专业结果。

短信写手：主要技能是编写创作，用幽默、搞笑、亦庄亦谐的语言，写出新鲜、独特、高超的语段，传播信息，交流感情，促进商务消费。

育婴员：主要从事 0 ～ 3 岁婴幼儿保育工作的专业人员。与传统保姆不同，育婴员需要从婴儿的生理与心理特点出发，以科学的保育方法，运用现代保育知识与器械，通过身体语言、音美语言，来培育、滋养婴儿身心成长，为婴幼儿学前教育奠定良好的基础。

建筑模型设计制作员：主要技能是根据建筑设计图和比例要求选用合适的模型制作材料，运用模型设计制作技能，设计制作出能体现建筑师设计思想的各种直观建筑模型的专业模型制作人员。

宠物健康护理员：主要技能是从事宠物饲养、管理、美容与健康护理工作的专业从业人员。

另外，各地还陆续出现"专业讨债"、"私人侦探"、"线人"、"酒后代驾师"等专业人员。

我国目前的新兴职业正在不断涌现，有些合法，有些在道德上、法律上还存在问题，如"专业讨债"、"私人侦探"等，尚不能称为独立的职业。新时代的中职生必须具有前瞻性，跳出传统的狭窄的就业视野，解放择业思想，拓宽择业范围，勇于探索，敢于创新，以适应社会发展的新趋势。

21 世纪将是我国的高速发展时期，电脑软件、通信服务、管理、金融、贸易、公务员、信息服务、建筑工程、医疗保健、办公自动化、教育、旅游、房地产、物业管理、网络服务、广告传播出版、营销、饮食、服装、汽车维护、现代化农业等职业，将成为热门产业，同样也将成为就业的热门选择。

2. 区域经济发展

你了解家乡的经济特点吗？要知道与个人职业生涯发展关系最密切、最直接的是自己的家乡。我们在这里长大，最熟悉这里，人际关系也集中在这里。利用家乡的优势来发展自己，往往能事半功倍。

我们应该着重从两个方面关注区域经济，一是区域经济特色；二是本地经济与其他区域经济的比较。这样既可以捕捉到有利于自身发展的机会，也可以验证个人发展目标是否符合经济社会的发展需要。很多职业生涯成功的人是在关注区域经济发展的过程中产生灵感的，从而找到适合自己的、成功的个人发展方向。

读读想想

2012 年，青岛市第十五届人民代表大会发布《政府工作报告》，未来 5 年青岛 10 区市的发展蓝图已经绘成，区域经济也有了明确定位。各区市将在"全域统筹、三城联动、轴带展开、生态间隔、组团发展"战略下，发展海湾型都市，建设大青岛。报告指出，在各区域发展上，青岛市将突出特色，继续优化产业空间布局，重点打造区域经济板块。

市区重点建设高端服务业聚集区，着力打造现代服务业高地。规划建设金融中心、总部商务、现代物流、旅游会展、文化创意、软件外包、科技孵化等 10 项千万平方米高端服务业工程。

按照国际标准，市南区要发展好金融商务、总部经济、时尚商业和商务旅游；市北区要建设好邮轮母港、啤酒文化和高端商贸聚集区，抓好科技研发、文化创意、滨海旅游和商务发展区建设；李沧区要建设好交通商务区、生态都市新区和商贸聚集区；崂山区要建设好金融新区、会展旅游和

信息服务园区；黄岛区要建设保税物流和国际经济合作示范区，发展度假旅游、信息服务和文化创意，建设董家口临港重工业发展区；城阳区要集约发展企业总部、商贸物流、广告创意；高新区重在规模化发展软件外包、研发孵化、高端制造，建设高新技术密集区和科技、生态、人文新城。

四市要以先进制造业为主攻方向，担负起全市工业发展的重任。开发建设胶州高端制造聚集区、即墨蓝色制造聚集区、平度新河生态科技产业新城和莱西姜山新城，扩展四市省级开发区承载能力，向高新技术产业开发区转型，成为推进新型工业化发展的主力军。

温馨提示：

结合青岛市发展蓝图，寻找自己所学专业的发展前景。

读读想想

汽车维修与运用专业毕业生孙立帅，在校期间努力学习，毕业后在森泰达旗下的动力驿站参加实习。工作中，孙立帅发现汽车越来越成为家庭的必需品，而市场上汽车美容和轮胎销售一体店参差不齐，难以满足车主的消费愿望。

2009 年下半年，孙立帅抓住机遇创办了自己的汽车美容和轮胎销售一体店，取名"金元帅"，意为要让自己像金子一样闪闪发亮。该店注册资本 30 万元，是集汽车快修、汽车美容、轮胎销售于一体的综合店面。从创业初期的自己一个人到现在拥有员工 20 人，从一名学生到现在汽修行业屈指可数的年轻小老板，从当初森泰达的一名小洗车工到现在森泰达的合作伙伴，孙立帅抓住了汽车这个朝阳行业，实现了自己的职业理想。

3. 就业政策

就业政策是指国家为完成某一个时期的就业任务而制定的行为准则。为了保证中职生顺利就业，同时确保毕业生就业工作有序展开，国家制定了一系列政策，对就业工作中的问题作出了具体规定。作为毕业生，必须充分利用国家的政策资源，保护个人权益，顺利进入职场。

近年来，国家政策不断向中职倾斜，而且在我国高校毕业生不断增多的情形下，人才结构失衡现象突出，技能型人才短缺，中职毕业生一直保持着较高的就业率。中职毕业的学生，可以很自由地按照自己的兴趣爱好、家庭条件和意愿选择可谓"四通八达"

的出路。既可以选择就业，也可以选择像普通高中毕业生一样参加对口升学考试读大学，更可以一边工作一边参加成人高考，获取工作、学习的双丰收。

知识链接

青岛市最新的中职毕业生就业政策，可以概括如下：第一，鼓励各类企事业单位（特别是中小企业和民营企业单位）聘用中职毕业生，政府有关部门为其提供便利条件和相应服务。第二，鼓励中职毕业生自主创业和灵活就业。凡中职毕业生从事个体经营的，除国家限制的行业外，工商和税收部门简化了审批手续，积极给予支持。第三，毕业半年以上未能就业并要求就业的中职毕业生，可到户籍所在区市劳动保障部门办理失业登记。劳动保障部门所属的公共职业介绍机构和街道劳动保障机构免费为其提供就业服务。第四，落实中职毕业生一次性就业求职补贴政策。

二、行业环境

每一个具体行业总有一定的特殊性与差异性，对人才的规格、技能、层次、特征都会提出不同需求。每一个进入职场的求职者，都必须对各自预备进入的行业有全面、系统的了解，特别是对各个行业从业人员的受教育程度、职业培训要求、基本素质、能力倾向等要有深入的把握，从而增强就业的目的性和准确性。

知识链接

行业的划分一般是以劳动性质、作用和内容的同一性为标准的。我国目前与世界上通行的分类办法，是将行业按产业划分为3大产业，即第一产业：农业，包括种植业、林业、畜牧业、渔业等；第二产业：工业、建筑业，包括冶金、煤炭、石油、机械电子、纺织、化工、食品等，建筑业是从事建筑和安装工程施工等部门；第三产业：除一、二产业以外的流通与服务类产业部门。

一般来说，工业化、城镇化的推进会促进劳动力由第一产业转向第二产业，第二产业就业者的数量和份额不断上升，第三产业呈上升趋势；工业化、城镇化的高度发达时期，第二产业吸收劳动力能力趋于饱和，第三产业就业者就会大大增加，并将超过传统的一、二产业的总量。因此，必须从个人实际出发，瞄准朝阳行业的要求，在职业资格、专业技能、个体特长等方面强化、提高自己，适应现代社会发展的需求。

三、个体环境

个体成长的环境是指个体家庭背景、教育背景等因素影响的总和，它们对个人的特

征、能力与素质的生成有着具体的、不可忽略的作用。每个求职者对自己的个体成长环境的因素必须有一个清醒、理性的评价。

1. 家庭背景因素

家庭是孩子成长的第一所学校，父母是孩子发展的第一任老师。家庭的环境气氛、父母的教育方式对儿童的成长起着重要作用，影响着孩子成年后所从事的职业类型、创造水平。

读读想想

周某，旅游专业毕业生，家庭条件优越，一直生长在自负、溺爱与骄纵中，养成了自以为是、随口褒贬他人的作风。周某毕业时，来到一家公司应聘一个紧要的职位。经过学校推荐，通过笔试与心理测试，周某与另一位同学同时入围，进入最后的角逐。他们二人同专业、同班级、同寝室，平时十分了解，如今成了竞争对手，心情各异。先是周某的同学进面试的房间，考官问他："你们两个人都很优秀，但只能录用一个，若不能被录取，你有何想法？"周某的同学回答："如果未被录用，说明我条件与贵公司还有差距，继续努力，同时祝贺同学被录用。""周某和你是同学，他和你比，谁最适合我们的岗位？"周某的同学实事求是地分析了自己的优势与不足，也客观地说明了周某的长处。接下来，周某被叫入，考官问他："听说你与前一位同学同班、同寝室，你觉得他为人怎么样？"周某滔滔不绝："我的同学的确与我同班，但他成绩不如我，为人处世也不如我，他最大的特点是懒惰、死板……总之，同学都认为我比他强。"考官也点点头。

结果，周某未被录用，而周某这位出生于农村的、毫无背景的同学却得到了这家知名公司的录用。

2. 教育背景因素

学校教育是给个体有计划、有组织、有系统的训练，是根据一定的社会要求和教育对象的身心特点，对受教育者在德、智、体、美、劳等诸方面所施加的全面、系统的影响。中等职业教育是培养技能型、应用型、熟练型劳动力的专门教育，与传统的普通高中教育相比，职业教育更具动手技能、创造技能，更讲究实用性、操作性。

出其不意的技能展示

读读想想

小刚是汽修专业的毕业生，在接到某汽车 4S 店面试通知后准时赴约。一起面试的人很多，但面试中电脑出了故障，致使面试无法正常进行。时间一分一秒地过去了，电脑还没修好。面试的学生中已有不少人在议论纷纷、有的人对耽误时间表示不满。

招聘主管根据应聘者的简历，让写有"精通电脑"的应聘者试试看能否把电脑修好。但在这关键时刻，那些人都打退堂鼓了。小刚由于在校期间学习过计算机基础知识，而且顺利考取计算机中级证书，于是毛遂自荐，利用平时积累的知识，沉着地进行各种测试，终于找到了电脑的毛病，很快将电脑修好了。

小刚出人意料的表现，使汽修店招聘人员发现了一位拥有多种技能的毕业生，他幸运地取得了满意的职位。

机会只会给有准备的人。所谓技多不压身，哪怕是偶尔的机会，只要有真本领在身，就会出其不意地为应聘者带来意外收获。特别是在今天这样一个多元化社会中，复合型人才永远是最受欢迎的。中职毕业生进入职场时，必须从自己的专业教育背景出发，选择就业的区域、行业与单位。比如旅游专业的毕业生，如果不仅能说会道、具备出色的导游才能，而且还有驾照、懂摄影，肯定会成为专业旅游公司的宠儿。

学以致用

【集思广益】

1. 在小组会上谈谈自己对 3 年后的家乡以及区域经济发展的预测，听听大家对你的预测的修改建议。

2. 在小组讨论的基础上，用几句简练的话总结出本地区域经济特点。

【观察走访】

走访本专业的毕业生，了解与本专业有关的行业新技术、新工艺和新职业、新岗位。

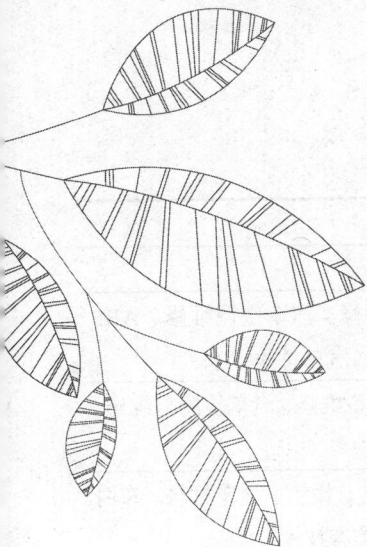

第 **2** 课

职业分类与就业形势——我要去哪里？

　　进入网络化时代的今天，社会分工越来越细，正在消失的职业越来越多，而新兴的职业也在越来越快地涌现，职业种类繁多，差异较大。中职生要择业就业，就必须对职业及其发展趋势有基本的了解，对自身条件理性分析，从而找到自己的理想职业。

　　因此，只要了解自己所学专业所对应的职业群，明确职业的现状，就能准确地解决困惑——我要去哪里？

一、专业设置与职业群

1. 中职校专业设置的特点

　　同学们进入中等职业学校后，与初中相比最大的变化就是要学习特定的专业，中等职业学校的专业是根据社会分工的需要而划分的。职业教育的专业设置，其特点是明显的技术性和职业性，往往与社会上一定的职业群相对应。

某中职校的专业设置如下：

汽车运用与维修	
专业方向	学习内容
电路技术	汽车构造、电气设备、汽车实用电工、电气设备维修、汽车空调维修、ABS维修、安全气囊维修、汽车中控与防盗、音响技术、汽车总线技术
维修保养	汽车构造、电气设备、钳工、汽车修理工艺、电气设备维修、汽车检测与维修、电控发动机维修、自动变速器维修、汽车驾驶与维护
钣金喷漆	汽车机械基础、汽车机械制图、汽车构造、电气设备、钳工、汽车材料、车身构造、电气焊技术、钣金工艺学、喷漆技术、汽车美容技术

学前教育	
专业方向	学习内容
	口语、视唱练耳、幼儿手工、声乐、键盘、舞蹈、音乐、儿童舞创编、美术、书法、音乐欣赏、幼儿文学、器乐训练、计算机、礼仪

会　计	
专业方向	学习内容
	会计基础、经济法、企业财务会计、会计基本技能、Excel财务管理高级应用、会计电算化、税收、成本会计、企业会计模拟实务、会计英语、收银

建筑工程施工	
专业方向	学习内容
建筑施工	建筑构造、建筑力学、建筑制图、施工技术、建筑电子照明、建筑安全、建筑施工组织管理、建筑施工技术
预算资料	建筑预算、建筑材料、建筑构造、建筑制图、建筑美术字、建筑资料、建筑测量、建筑安全

电气技术应用	
专业方向	学习内容
	电子线路、电工基础、电机与变压器、电工仪表与测量、安全用电、工厂电气控制设备、PLC、机械基础、机械制图

计算机网络技术	
专业方向	学习内容
平面设计	素描、色彩、平面色彩立体构成、平面设计基础、平面广告设计、包装设计、标志设计、字体设计、Photoshop、CorelDRAW、Illustrator
网络维护	计算机组装与维修、二维动画操作、网页设计、计算机网络技术与应用、网站建设、操作系统与网络服务器使用与管理、路由器与交换机的设置

续表

旅游服务与管理	
专业方向	学习内容
	旅游文化与心理、旅游地理、导游服务与技能、旅行社经营与管理、旅游实用英语、客源国概况、礼仪与艺术、普通话

通信技术	
专业方向	学习内容
	电工与电子技术、电子电路基础、3G通信终端工艺、3G通信测量仪器、脉冲与高频技术、3G通信原理、3G通信网、数字微波通信、3G通信终端原理

制冷和空调设备运行与维修	
专业方向	学习内容
	电子技术基础、制冷原理、制冷空调自动化、制冷空调装置操作安装与维修、制冷空调机器设备、小型制冷与空调装置

为了拓展毕业生的择业面，奠定中职生今后转岗、晋升的基础，中等职业学校都设置了面向各个专业的公共课，例如，有的中职校设置的公共文化课有语文、数学、英语、德育、体育、创新与创业、心理健康、计算机基础等。

知识链接

我国当前采用的职业分类方法，基本上与国际劳工组织的分类方法相近。1999年国家劳动和社会保障部、国家质量技术监督局、国家统计局颁布了全面反映我国现阶段社会职业结构状况的《中华人民共和国职业分类大典》，将我国职业结构划分为8个大类、66个中类、413个小类、1838个职业。其中8个大类是：（1）国家机关、党群组织、企业、事业单位负责人；（2）专业技术人员；（3）办事人员及其有关人员；（4）商业、服务业人员；（5）生产、运输、设备操作及有关人员；（6）农、林、牧、渔、水利生产人员；（7）军人；（8）不便分类的其他作业人员。除第7、第8两类外，我国职业数量最多的是第5类人员，共有近1200个职业。职业数量最少的是第1类，共有20多个职位。其中第1大类的主体是脑力劳动者，第3大类包括部分脑力劳动者和部分体力劳动者，第4、第5、第6、第7大类主要是体力劳动者。中间的"细类"，就是我们所关心的职业。

2. 各专业所对应的职业群

专业和职业既有区别，又密切相关。中等职业学校教育以就业为导向，每个专业都对应着某个职业群。职业群一般由基本操作技能相通、工作内容和社会作用以及从业者所应具备的素质相接近的若干个职业所构成。各专业的教育、教学内容，与其对应的职业群对从业者的素质要求是一致的。

对于中职生的职业生涯发展来说，所学专业对应的职业群有 2 类：适合中职生横向发展的职业群和适合中职生纵向发展的职业群。

第一，适合中职生横向发展的职业群。

适合中职生横向发展的职业群主要体现为首次就业时择业面的拓展或今后可能转岗的职业。例如，计算机网络技术专业的毕业生，可以到计算机公司当职员，从事计算机及相关软硬件产品的销售、储运、售前售后客户服务、技术咨询等工作；也可以到制造业当技术工人，从事计算机控制机器设备的操作、测试、维修工作；还可以到一些企业任职，担任计算机机房和微机室的操作、管理、维护工作，或办公室报表的处理、打字、打印、复印、电脑的操作与维护等工作。

即使是一些针对性很强的专业，中职生就业时也有相当大的选择空间，可以根据自己的个性特点择业。如汽车运用与维修专业的毕业生就业时，可以在汽车制造、汽车维修、汽车检测、汽车销售、汽车驾驶、特种车（如挖掘机、推土机、清扫车等）驾驶、交通运营等多种岗位中进行选择。

理清适于自己横向发展的职业群，不但能帮助我们深入了解自己所学的专业，而且能开阔我们的思路，使我们在这一职业群中找到适合自己的职业。

第二，适合中职生纵向发展的职业群。

适合中职生纵向发展的职业群主要体现为技术等级和职务有所提升的岗位，是中职生职业生涯发展潜在的岗位。如学导游专业的中职生，毕业后从中文导游起步，向外语导游发展；从当接团旅行社的地陪开始，再当发团旅行社的全陪；极有可能成为旅行社的外联人员、计划调度人员，也有可能升迁为旅行社的部门经理，甚至接受旅游产品开发的重任……

要做到纵向发展，首先要学好学校开设的各类课程，既为首次就业做好充分准备，又为今后的发展做好铺垫；其次要努力提升自身素质，树立终身学习的理念，活到老、学到老，在不同的发展阶段进行有针对性地学习，因为职业生涯的纵向发展需要从业者不断提高综合职业素质；最后，每一个人对于自身的职业生涯发展应该有个长远的计划，做到"走一步，看两步，想三步"，目标明确地发展自己的职业生涯。

每个职业都有各自横向和纵向发展的路线，中职生应该从自己所学专业出发，分析适合自己横向和纵向发展的职业。展望未来，志在千里，是每个青年人应有的胸怀。

读读想想

李某，旅游服务与管理专业毕业生，个性要强，有强烈的上进心，具有较强的组织能力与管理能力。毕业后，来到某三星级宾馆应聘，成为一名饭店服务员。饭店首先安

排他做行李员，他自认屈才，有一定抵触情绪，以为以他的才能学历做大堂副理绰绰有余。因此给饭店管理层留下不佳的印象。

李某的同班同学张某，同样来到李某服务的那家饭店，做客房保洁员，她非常珍惜这一工作机会。工作细心勤恳，态度温和谦逊，微笑常挂脸上。

一天早上，负责会议的徐先生来到饭店，搬了一箱会议资料，在饭店门口碰见做行李员的李某，徐先生就对李某说："请您帮我将资料搬到会议室。"李某正好要下班，就说："对不起，我下班了。"正在这时，刚上班的张某见状，连忙微笑着说："先生，我来搬。"她的勤快消解了客人的尴尬与不满。这一切，被大堂值班经理看在眼里。

3 个月试用期后，李某被婉言辞退，而他的同学张某却被提升为客房部值班经理，并且在以后的发展中得到逐年提升，成为大堂经理。

就这样，2 个同班同学同样的优秀，一个由于对职位的热爱、珍惜，懂得从低微的基层做起，职位得到了提升；另一个却一开始就定位不准，丧失了良好的发展机遇。

温馨提示：

一般来说，职位是需要在实际工作中逐级上升的，需要从基层做起。明确这一点非常重要。对初涉职场的毕业生来说，必须克服好高骛远、求大求全的心理，脚踏实地，从零做起。

二、就业形势分析

竞争是这个时代的主旋律。21 世纪，全球一体化、通信网络化、信息数字化，给市场经济带来了开放、透明、充分竞争的必然性，在这种竞争中风险与机遇并存，压力与挑战同在。古人说"识时务者为俊杰"，认清天下大势者必居于主动地位。对我们来说，必须要有清醒的头脑、理性的态度、务实的精神，前瞻性地把握形势，分析市场，主动出击。

1. 职场竞争压力

作为世界上最大的人口国，庞大的人口既是资源优势，也是负担劣势，其最大的劣势在于它带来了巨大的就业压力。而且，随着我国社会主义市场经济建设的不断深入，体制转型释放出的失业压力将严峻地笼罩每一个中国人。据测算，我国 15～59 岁人口的增长将持续到 2020 年。2010 年，此年龄段的人口有 9.2 亿，2020 年将增至 9.4 亿。这些净增的劳动力将要就业，其压力可想而知。

在这种就业形势下，我们应该善于发挥自己的就业优势。与大学生相比，中职生有务实的就业观，有动手能力强的优势。中职生所学专业对应的职业群既有适合横向发展、拓宽择业面和转岗的职业群，又有适合纵向发展、能够晋升的职业。因此，中职生面对就业难的形势不要气馁，要充分发挥自己的优势。

趣味故事

巴黎一家酒店的餐饮部有一名不起眼的小厨师，他没有特别的长处，做不出什么上得了大场面的菜肴，所以他在厨房部里只能打下手，谁都可以批评他几句。但是，他会做一道非常特别的甜点：把一只苹果的果核去掉，把另一只苹果的果肉放进该苹果里，使该苹果显得特别丰满，可是从外表看，一点也看不出是 2 只苹果拼做的，吃起来特别香。

有个沙特的贵妇人长期包着酒店的一套昂贵客房，虽然她每年来酒店住的时间加起来不超过 1 个月，但是，她对这道甜点赞不绝口，对小厨师情有独钟，每次到来，都要品尝小厨师做的这道甜点。

每逢旅游淡季，酒店都要裁员，经济低迷的时候，裁员规模更大，连一些大厨都难逃厄运，而这个不起眼的小厨师却稳居自己的位置

读读想想

小马中职毕业后找工作，因为学历低，走了数家公司都被回绝了。一天中午，他路过一个工地时，发现民工要走很远去吃盒饭，于是灵机一动，心想：这批民工吃饭要走这么远，何不就近开家盒饭铺，专门为民工们供饭呢？于是，他先在工地附近租了间小民房烧饭做菜，一到中午和晚上，就带着饭菜到工地去叫卖，生意果然十分兴旺，每天能赚几十元。不久，他干脆在工地边租了间 50 平方米的店面，当真做起盒饭生意来，由于价廉物美，民工们都愿意到他的盒饭铺来吃饭，小马的工地餐馆生意非常红火。

一切在于"转变观念"

2. 中职生就业趋势

据教育部统计：2012 年全国中等职业学校毕业生就业率达到 96%，中职学生就业形势良好。有调查结果显示：当问及最需要哪些人才时，68%的企业回答"最缺的是专业技术人员"，只有 32%的企业回答"最需要的是高级管理人才"。由此看来，在今后相当长的时间内，中职学生就业市场仍然是求大于供。

随着社会经济的快速发展，全国各行业用工紧缺，中职学生的就业待遇也在不断提升。越来越多的企业把社会保险和住房公积金规范到企业用工方面；薪资水平南北方基本持平，青岛本地与外地基本持平，月薪均在2000 元以上，相当多的企业达到 3000 元。

中职学生进入企业后，绝大多数从事一线岗位工作，而企业中层管理干部和技术工程人员基本是从基层一线选拔提升，调查结果证明：目前在企业担任中层管理干部、技术工程人员岗位的，有大部分是中职毕业生。

读读想想

牛初光是汽车运用与维修专业的毕业生，2004 年参加实习，先后在喜盈门汽修厂等多家工厂担任汽修工作，因为吃苦耐劳、肯学习肯钻研，获得领导的一致好评。2007 年年初，他被马自达汽车青岛 4S 店高薪聘请，作为技术骨干被厂家多次派出培训、学习。后来，由于技术高超，加之在汽车故障抢险中的优异表现，他被马自达总公司授予一等功，同时被提拔为该 4S 店的技术总监，成为该公司的一名响当当的金字招牌。

学以致用

【走一走】

走访当地的就业市场，了解所学专业对应的职业群，以及职业群的就业状况。

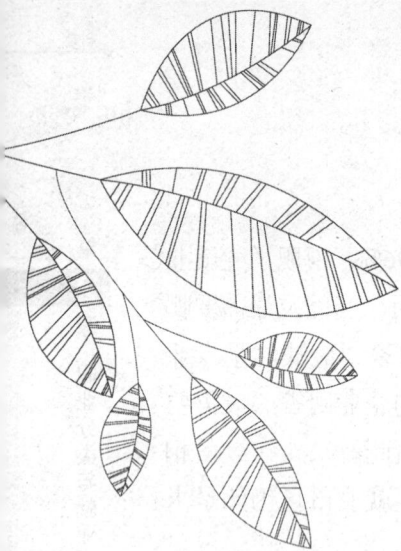

第3课

职场素质要求——我要做哪些准备?

"认识你自己",这是古希腊圣哲对我们的忠告。本书的第一部分告诉我们,每一位求职者都应该对自我进行正确地评估,对自我素质进行全面分析,认识自我,了解自我,明确自己所长,洞悉自己所短。在此前提下你要对自己将要进入的职业的环境、机会、形势、具有清醒的认识,从而趋利避害,扬长弃短,查漏补缺。明确自己应该做好哪些准备,具备哪些素质。

一、法律意识

法律意识是现代人的必备素质。随着毕业生就业制度的改革,学生就业逐步走向市场,实行双向选择的就业机制。毕业生和用人单位的纠纷往往不可避免,尤其是民营、私营、外资企业,它们的用人机制灵活,用人机会多,随着到这些单位就业的学生增多,纷争相应也会增多。因而,强化法律意识,提高法律素养,用法律武器来保护自己的合法权益,是中职生求职过程中应该注意的一项重要内容。

1. 关于试用期的规定

试用期是指用人单位对新录用的劳动者进行考察的期限。在劳动合同中约定试用期，并不是强制性规定，双方协商一致同意的可以约定，不同意的也可以不约定。但是约定试用期有利于维护当事人双方的合法权益。规定了试用期，一方面用人单位可以考察劳动者的情况；另一方面，劳动者也可以考察用人单位的情况。在约定的试用期内，双方一旦发现实际情况与对方介绍的情况不符或者一方不能适应另一方的情况，都可以在试用期内提出解除劳动合同。

知识链接 根据《劳动部关于实行劳动合同制度若干问题的通知》（1996年10月21日）的规定，劳动合同期限在6个月以下的，试用期不得超过15日；劳动合同期限在6个月以上1年以下的，试用期不得超过30日；劳动合同期限在1年以上2年以下的，试用期不得超过60日。试用期包括在劳动合同期限中。

读读想想 小于被某连锁超市录用为收银员，签订了为期1年的劳动合同，其中约定试用期为3个月。1年后，该超市同意将小于的劳动合同延长1年，但是，超市提出仍需3个月的试用期。"岗位未变，怎么还要有试用期？"小于怎么也想不通。

请问，该连锁超市的做法正确吗？

2. 关于就业合同的规定

就业合同是合同双方维护自己权利的法律武器。但是，如果求职者与对方签订的是一份不利于自己的不平等合同，那么，合同也许就会变成对自己具有极大杀伤力的武器。

劳动合同的必备条款是：一、劳动合同期限；二、工作内容；三、劳动保护和劳动条件；四、劳动报酬；五、劳动纪律；六、劳动合同终止的条件；七、违反劳动合同的责任；八、双方还可以协商约定劳动合同的补充条款。

知识链接 常见的合同陷阱有以下几种：口头合同，一些用人单位与求职者就责、权、利达成口头约定，并不签订书面正式文本。一些涉世未深的毕业生极易相信那些冠冕堂皇的许诺，可是，这种口头合同是最靠不住的；格式合同，一些用人单位按国家有关法律和劳动部门制定的合同示范文本，事先打印好聘用合同。表面看起来这种合同似乎无可挑剔，可是具体条款却表述含糊，甚至可以有几种解释，一旦发生纠纷，最后吃亏的还是应聘者；单方合同，一些企业利用应聘者求职心切的心理，只约定应聘者有哪些义务，若有违反要承担怎样的责任、缴纳多少违约金等，而关于应聘者的权利几乎一字不提，这是最典型的不平等合同；生死合同，一些高危性行业的用人单位为逃避责任，常常在签订合同时要求应聘者接受合同中的"生死协议"，即一旦发生意外事故，企业不承担任何责任。

当然，在强调毕业生维护自己的合法权益之外，同学们也必须讲诚信、讲法治，遵守就业协议和劳动合同中的规定。如果由于客观原因必须终止协议与合同时，必须与用人单位协商、征得用人单位的同意后（如在协议与合同中约定违约金的，必须缴纳违约金后），才可以解约。

读读想想

计算机网络专业的陈某中职毕业后，希望找一份挣钱多而且体面的工作。但每次参加招聘会，他都眼睁睁地看着很多比自己学历高的人都找到了好工作，而自己一而再、再而三地被用人单位拒之门外。于是陈某花钱找人做了一个大专学历假证书，凭着这个假证书，他被一家计算机公司录用了。计算机公司与他签订了2年期的劳动合同，没有试用期，月薪6000元。

上岗不久，计算机公司发现他根本无法做好应做的工作，便对他的学历产生了怀疑。经与学校核实，陈某的大专学历假证书被揭穿了，计算机公司通过劳动争议仲裁委员会仲裁，认定先前与他签订的劳动合同无效。于是，陈某立即被解雇了。不仅如此，陈某还受到公安机关的传唤，追查大专学历假证书的来由……

陈某的行为，正可谓搬起石头砸自己的脚，自食其果。

二、表达能力

表达能力是指运用语言文字来阐明自己的见解、认识的能力。现代社会是一个交往型社会，与他人交往、协作，少不了表达自己的愿望要求，从而充分地与他人沟通。表达能力一般分为口头表达能力、书面表达能力。表达能力作为人际交往能力中一种重要的能力，在现代社会不可或缺，不仅在个体职业生涯展开过程中具有重要作用，而且在职业生涯的起点———求职过程中，作用也非同小可。比如求职信的撰写、招聘场上的语言互动、应聘面试等各个环节，都需要表达自己，与他人沟通，求得认同。因此，必须高度重视表达能力的培养。

1. 口头表达

口头表达能力就是通过口头语言来自我推介、传达内心的能力。在口头表达中，求职者应该将自己的思想、观点、意见和建议顺畅地用语言表达出来，同时辅以一定的仪表、形态、神态等肢体语言，达到完全、充分地推销自己，使听者能够认同并接纳自己。

知识链接

如果你正在参加面试，应该掌握哪些语言表达的技巧？第一，口齿清晰，语言流利，文雅大方。第二，语气平和，音量适中，语调恰当，语言含蓄，谈吐机智，善用幽默。第三，察言观色，注意受话者的反应。第四，巧用手势，或者表示强调，或者表示关注，或者表示胸有成竹。切忌口头禅、土话、脏话，切忌答非所问、油腔滑调、强词夺理、态度倨傲、不懂装懂。

口头表达的逻辑性、准确性与生动性，必须在平时注意训练、积累、学习，非一日之功；口头表达的音质、音色、音量、音调，也可在平时通过修炼、模仿来提升，也非一日之功。

良好的肢体语言是被接纳的首要因素

读读想想

学前教育专业毕业生小周，机敏、刻苦，学习成绩优异，在学校一直表现优秀。可是，小周有一个很不好的下意识动作，就是在与他人谈话时抖腿。找工作时，她参加了一所大型幼儿园的招聘，幼儿园人事部门对她的成绩非常满意，但在面试时，小周在谈话时无意中抖腿，招致了落聘的结果。

温馨提示：

类似的情况经常出现在一些求职毕业生身上。比如，谈话时双手抱在胸前，跷"二郎腿"，对话时双眼左顾右盼，手插在裤兜里，手夹在两腿间；目光过于向上、翻白眼，不敢与考官对视，一旦直视就不自然，或目光定定地注视着考官。这些不好的肢体语言会给考官带来不好的第一印象。

口头表达应该配合得体的肢体语言。肢体语言是包括表情、目光、神态等仪表方面的语言，是求职者应该高度重视的一种表达。一般说来，四肢正确的姿势是，双手自然放在椅子扶手或腿上，上身笔挺，两腿自然平放，目光应平视对方前额，坚定、自信，英姿勃发而平和微笑，经常与对方目光交流。每一个求职者，都应该注意自己的肢体语言，恰当地表达。否则，如上述案例中的小周，事倍而功半。

2. 书面表达

书面表达主要是一种写作能力，一个求职的毕业生，必须能自如地通过书面来介绍自己，沟通他人，求得接纳。在书面表达中，求职者应该将自己最擅长、最精彩的一面通过文字表达出来。书面表达应该注意的技巧是：措辞语气、文本格式、现代化编写手段。书面表达的核心要求是：正确性、简洁性、生动性、实用性。

三、职业资格证书

1. 职业资格证书对职业生涯发展的作用

在竞争激烈的市场就业环境中，中职生的优势不是学历，而是实践能力，证明这一优势的重要凭证是职业资格证书。职业资格证书能证明持证者具有从事某一职业所必备的学识、技术和能力，对中职生就业有特别重要的意义。

"证"是求职就业的"入场券"，"证"是具有实力、能胜任岗位的标志。"取证"是增强就业竞争力的手段。如果能在毕业前多拿到几个证书，不但能增加就业机会，而且能扩大择业面。

读读想想

小叶和小邵是制冷专业的同学，在校期间都领到了"制冷设备维修工技术等级证书"。毕业时，小叶四处奔波，很长时间也没找到录用单位；而小邵却马到成功，求职一次就被录用了。小叶去找小邵请教求职的诀窍。还没进门，就看见小邵穿着工作服坐在小货车里发动汽车，他惊奇地跑过去问："你什么时候学会开车了？"小邵笑眯眯地说："去年夏天，晒脱了一层皮换来个驾驶证。"

小叶看着小货车，羡慕不已，要小邵带着他转一圈。小邵说："上来吧！我正好要到客户家安装空调呢。"小叶坐在小邵旁边说："我也到你们公司求过职，人家没要我，你真有运气。"小邵回答："因为我既有'制冷本'、又有

'驾驶本'，经理才答应考虑考虑，当我又递上'电工上岗证'时，经理当时就拍了板。以前卖 1 台空调，得派 3 个人去顾客家安装，1 个制冷工、1 个电工、再加个司机。现在我一个人全办了，经理还专门批给我补贴呢！"

小叶惊奇地问："你是怎样弄到电工本的？"小邵说："我利用晚上和双休日参加了电工短训班，没费太大劲就把电工本考下来了。"小叶听了这段话后，后悔地直捶自己的脑袋。他在学校上学的这 3 年，白天轻松晚上不累，暑假迷上了钓鱼，双休日都用来上网玩游戏虚度时光，现在却面临无法就业的困境。

温馨提示：

证书是专业技能素质的凭证，是求职的"敲门砖"。制订了一个清晰的"取证"计划，能促使自己珍惜时间，避免虚度年华。

随着技术进步的加速，用人单位对复合型人才的需求大幅度增加，有多个职业资格证书的毕业生，往往受到青睐。如果一名会计专业毕业生，不但持有会计上岗证、计算机等级证书，还有英语证和驾驶证，不仅择业面宽，而且今后晋升的机会也多。

取得多个职业资格证书，不但能扩大择业面，增加就业机会，而且能大大提高择业过程中的主动性，使自己既具备第一岗位的任职能力，又具备转换岗位的适应能力。在同一职业群或相关职业群中，有不少职业的资格标准相通，往往有不少共同的理论知识和操作技能要求，在学好学校开设的专业课的基础上，只要考取一种职业资格证书，再考取相关职业的资格证书就能节省许多精力。在时间投入上往往会收到事半功倍的效果。

取证既需要投资，又需要投入相当多的精力和时间，所以多取证不等于乱取证。中职生应分 2 步决定自己的取证种类和级别：第 1 步确定应取得证书的种类，根据自己所学专业和求职意向，在众多证书中选择哪些是必取的、哪些是选取的；第 2 步确定每种证书的级别，求职主方向的证书级别应在中级或中级以上，辅方向为中级或中级以下，能取得"入门"资格就行。

机会垂青有准备的人

读读想想

小刚学的是计算机网络专业，在校期间就率先考取了计算机中级操作员职业资格证书，并先后 2 次在市计算机专业技能比赛中荣获一等奖。

毕业后，小刚到一家公司做笔记本电脑销售。但这并不是他的目标，他喜欢的是计算机网络技术，想通过 MCP 认证。同学劝他："你现在的工作不是挺好吗？MCP 这么难，中职毕业生能考过吗？"虽然难度较大，但他还是决定"搏一搏"。在他看来，"机会一定要靠自己创造，多考一张职业资格证书，算是给自己的职业多买一份保险。"经过 2 个多月的培训，小刚瘦了很多，但终于成为培训班第 1 个通过认证的学员！

小刚"跳槽"到一家网络公司做网络管理员，把公司的服务器、路由交换器管理得井井有条，他的出色表现得到公司上下的一致认同。在此期间，他又考取了"微软认证数据库管理员"、"微软认证软件开发专家"、"思科认证网络工程师"、"思科认证网络设计专家"，以及"ORACLE 认证工程师"等证书。机会垂青有准备的人。凭着出色的技术和丰富的经验，小刚先后被任命为公司的售后工程师、现场工程师、售前工程师。作为售前工程师，他负责的网络方案设计，在多次竞标较量中为公司赢得了中标机会，同时也赢得了对手的尊重。

随着小刚所在的公司不断发展壮大，他的职位也上升为集团公司技术总监。目前，小刚正带领着自己的团队，投入到地铁建设的项目中……

温馨提示：

取证目标要明确，要勤奋好学，不断提升职业能力，发挥职业资格证书对职业生涯发展的作用，只有这样才能步步登高。

2. 职业资格证书的选择

对职业资格证书的选择，应当从个人实际出发，与职业生涯规划相结合。为此，应按以下步骤进行：

第一，中职生应该在理清所学专业对应职业群的基础上，了解适合自己横向发展的职业群中各职业的职业资格标准。这样做一方面有利于发现适合自己的职业，从自己所学专业起步确定具体的就业目标；另一方面能通过职业资格标准的比较，确定"多取证"时相关证书的主辅关系。

第二，对所选职业的职业资格标准作进一步了解，并以此为据设计出职业生涯的具体阶段。

第三，了解所选职业纵向发展的途径，找出所选职业对于职务晋升的要求，了解为晋升应该做好哪些准备。

职业资格标准是中职生强化自身职业能力的依据。依据职业资格标准强化自己的职业能力，并选择考取相关的职业资格证书，是中职生顺利就业的前提条件，也是职业生涯可持续发展的重要保证。

持职业资格证上岗的工种

知识链接

目前，劳动和社会保障部依据《中华人民共和国职业分类大典》确定了实行就业准入的66个职业目录。分别是车工、铁工、磨工、膛工、组合机床操作工、加工中心操作工、铸造工、锻造工、焊工、金属热处理工、冷作钣金工、涂装工、装配钳工、工具钳工、机修钳工、汽车修理工、摩托车维修工、锅炉设备安装工、维修电工、电子计算机维修工、手工木工、精细木工、贵金属首饰手工制作工、土石方机械操作工、砌筑工、混凝土工、钢筋工、架子工、防水工、装饰装修工、电气设备安装工、管工、汽车驾驶员、起重装卸机械操作工、音响调音员、纺织纤维检验工、贵金属首饰钻石宝玉石检验员、动物疫病防治员、动物检疫检验员、沼气生产工、推销员、中药购销员、鉴定估价师、医药商品购销员、中式烹调师、中式面点师、西式烹调师、西式面点师、调酒师、保健按摩师、职业指导员、物业管理员、锅炉操作工、美容师、美发师、摄影师、眼镜验光员、眼镜定配工、家用电子产品维修工、家用电器产品维修工、钟表维修工、办公设备维修工、秘书、计算机操作员、话务员、用户通信终端维修员工。

学以致用

【做一做】

根据所学专业和求职意向填写下表：

获取职业资格证书计划

所学专业				
类　别	名　　称	等　　级	取证时间	落实所需要的主要措施
必　取				
选　取				

【试一试】

以小组为单位，请几位同学分别扮演求职应聘者和人事主管，在班上模拟面试，大家看看哪些小组的求职应聘者的技巧用得好，还有哪些不足的地方需要改进。

第三单元　职业规划与决策

　　不同的人有不同的职业适应范围，不同的职业对从业者也有不同的要求，我们应按个人的专业、性格、气质和价值观以及社会的发展趋势确定自己的职业目标，制订实施计划，并按照实施计划一步步实现目标，从而实现自我价值，成就自己的职业生涯。但是在人生的发展阶段。由于社会环境的巨大变化和一些不确定因素的存在，会使原来制定的职业生涯目标与规划有所偏差，这时需要对职业生涯目标与规划进行重新评估并做出适当的调整，以更好地符合自身发展和社会发展的需要。

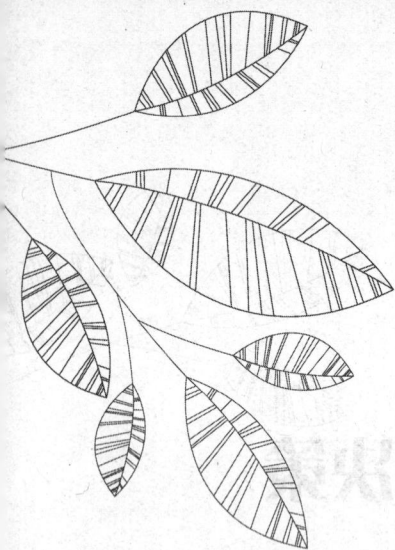

第 *1* 课

自我职业决策——有的放矢

Lesson 1

一、认识职业目标

没有目标的人如同在大海中的孤舟，没有方向，不知所终。人生没有目标，那将是碌碌无为、事业无成。明确而合适的目标，是我们漫漫职业生涯途中的灯塔，指引我们趋向人生的成功。

读读想想

沙漠中的北斗星

著名的旅游胜地比塞尔，原是撒哈拉沙漠中一个封闭落后的地方。这儿的人们很多次尝试着离开比塞尔，但没有一个人走出过大沙漠，这是因为比塞尔人不认识北斗星。在一望无际的沙漠里，一个人如果凭借感觉前行，他只会走出许多大小不一的圆圈，而不能离开沙漠。肯·莱文教会的阿古特尔辨识北斗星，走出了大

沙漠，因此成为比塞尔的开拓者，他的铜像被竖在小城的中央。铜像的底座上刻着一行字：新生活是从选定方向开始的。

职业生涯目标对人有巨大的推动激励作用。为实现这个目标，每个人都需要自觉地进行有关个人知识、技术与能力等方面的努力。它不仅能促进个人达到和实现目标，还能帮助个人真正了解自己，并且进一步认识内外环境，设计出各自可行的职业生涯发展方向。

读读想想

哈佛大学的毕业生

哈佛大学有一个著名的关于目标对人生影响的调查。

调查对象是一群智力、学历、环境等条件都差不多的哈佛毕业生。毕业时，27%的人没有目标；60%的人目标模糊；10%的人有清晰但比较短期的目标；3%的人有清晰而长远的目标。25年后的跟踪调查显示：3%有明确目标的人，几乎都成为社会各界的成功人士，其中不乏行业领袖和社会精英；10%有短期目标的人，成为各个领域中的专业人士，大多生活在社会的中上层；60%目标模糊的人，他们安稳地生活与工作，但都没有什么特别成绩；剩下27%没有目标的人，他们过得很不如意，并且常常抱怨他人、抱怨社会、抱怨这个"不肯给他们机会"的世界。

温馨提示：

清晰而长远的职业目标是个人职业发展的不竭动力和指路航标，它激励着人们克服困难、排除干扰与诱惑，向着明确的方向不懈地前进，直到实现目标。

二、确立职业目标

职业生涯目标分为长远目标和阶段目标。

确定长远目标是职业生涯规划的关键环节，其他环节围绕长远目标的确立展开。长远目标的实现，需要经历一个个阶段目标。阶段目标搭建是否合理，既是长远目标能否实现的必要前提，也是衡量职业生涯规划设计优劣的重要指标。

在确立职业目标时，主要围绕涉及职业生涯要素的 4 个方面的问题进行考虑：

（1）希望向哪条路线发展？主要是根据个人的爱好兴趣、价值观、理想等因素，计划出自己希望朝哪条路线发展，如向专业方向还是行政管理方向发展，以便确定自己的目标取向。

（2）适合往哪条路线发展？分析个人适合向哪一条路线发展，主要考虑自己的性格、经历、特长、学历、家庭影响等一些客观条件，确定自己的能力取向。

读读想想

作为职业作家和演说家，马克·吐温取得了很大的成功，可谓名扬四海。但是，你也许不知道，马克·吐温在试图成为一名商人时却栽了跟斗，吃尽苦头。

最初，马克·吐温投资开发打字机，不料一无所获，还赔掉了5万美元。马克·吐温心中不甘，转而一想，出版商发行他的作品赚了大钱，于是，又凑钱开了一家出版公司。但是，经商与写作毕竟风马牛不相及，马克·吐温很快又陷入了困境，不久，只好宣告破产。马克·吐温本人也背上了沉重的债务。

经过2次打击，马克·吐温终于认识到自己毫无经商才能，从而断了经商的念头，开始在全国作巡回演说。这样一来，风趣幽默、才思敏捷的马克·吐温完全没有了商场中的狼狈，重新找回了感觉，成为一名成功的作家和演说家。

（3）能够朝哪条路线发展？个人能够朝哪一条路线发展，主要考虑自身所处的社会环境、经济文化环境、政治环境和组织环境等，从而确定自己的机会取向。

（4）哪条路线可以取得发展？选择自己希望和适合的发展道路后，进一步综合分析各方的因素，判断自己的这条职业目标的实现路线是否可以取得发展。

职业目标的确立需要分析职业阶梯，我们可以由低向高逐步上升。如在企业中，会计人员的职业生涯发展路线可以是会计员—主管会计—高级会计师—注册会计师—公司财务总监。

读读想想

胡妮娜性格热情开朗，平时特别喜欢跟小孩子打交道，在学前教育专业学习时，立志要成为一名优秀的幼儿教师，将来创办自己的亲子园。她怀着这个目标努力学习，成绩名列前茅。2次在市幼师专业技能大赛上获得一等奖。

毕业后她工作脚踏实地、精益求精，赢得了小朋友们的喜爱，小朋友们都亲切地叫她"小胡姐姐"。经过自己的努力，她也被评为所在区教学能手，成为区中心教研组成员，并担任幼儿园业务院长。有了多年幼儿教育经验的她，

开始向自己的梦想迈进。她多方筹集资金，借校舍、聘老师，终于成立了"智慧亲子园"。在她的精心经营和管理下，亲子园蓬勃发展，她的梦想成真了。

温馨提示：

只有符合自身条件的职业生涯发展目标，才能通过自己的努力得以实现。

三、职业目标选择要求

设定职业目标时，我们应该依据以下的要求。

1. 具体明确

给行为设定明确的方向，充分了解每一个行为的目的；未雨绸缪，把握现在；清晰地评估每一个行为的进展，把重点从工作本身转移到工作成果上来；在没有得到之前，能"看"到结果，从而产生持续的信心、热情与动力。目标要定得窄一点，具体一点，要详细列出实现目标的具体时间、达到什么程度等，以便于操作。

读读想想

在 1984 年的东京国际马拉松邀请赛和 1986 的意大利国际马拉松邀请赛上，日本选手山田本一连续获得了世界冠军。当记者们请他谈谈经验时，性情木讷的山田本一答道："用智慧战胜对手。"这谜一般的回答，让众记者丈二和尚摸不着头脑。

10 年后，山田本一在自传中道出了谜底。原来，他以前比赛，总是把目标定在终点，由于目标过远，十几公里跑下来，想想离终点还遥不可及，就会很快产生疲惫感和退却感，以致失去信心，脚步越跑越重，越跑越慢。为了丢掉这个思想包袱，他便在每次比赛前，乘车将比赛的路线看一遍，仔细地把沿途醒目的标志一个个画下来。比如，第 1 个标志是家银行，第 2 个标志是棵大树，第 3 个标志是座红房子……就这样一直画到终点，将整个赛程分解成一个个小赛段，牢牢地记在脑中。比赛开始后，他就一个小赛段一个小赛段地去冲刺，由于这样冲刺目标清晰，路途短暂，思想上不易产生"路漫漫"的沉重感，所以，使自己能保持一路轻松地跑完全程。

温馨提示：

山田本一的胜利告诉我们，在设定目标时，从小到大、由近及远地去设计，不求一步登天，但求步步到位！只有这样，才不会觉得目标远不可及，才不易产生"路漫漫"的沉重感，才能自在地按旋律跑向终点。

2. 高低适度

如果给自己定的目标太高，怎么努力也够不着，会打击自信心；目标定低了，不费力气就能达到，就会没有成就感，结果一直没有长进，老在原地踏步。目标恰到好处，就是稍稍高一点，"跳一跳，够得到"。

3. 兼顾平衡

职业生涯目标要与生活目标结合考虑，兼顾平衡。人生除了事业目标外，还有健康、家庭、财富等问题，都直接影响着人生事业的发展和生活质量。因此，我们在制定职业生涯目标时应兼顾这些因素。

4. 不要贪婪

目标太多太复杂，难免会顾此失彼，到头来什么也不能实现。一个时期一个目标，实现一个目标，再实现另一个目标，积少成多。

读读想想

踏实才拥有自我

小王和小吴是一起毕业的同学。小王是一位个性张扬、自信的女孩；小吴是一个做事谨慎、性格沉稳的女孩。在找工作时，小王非大单位不去，并且以换衣服般的速度、根据用人单位名气的大小变换着自己的工作单位；小吴则是一心一意地在自己的工作岗位上做着自己的平凡工作。

当小王换了无数个工作单位时，小吴在自己的工作岗位上已经做出不平凡的成绩。后来，多次跳槽的小王从自己的经历中醒悟过来，当小吴的单位再次招聘新人时，她去应聘，立志从小事做起，并主动让小吴监督她以后的工作，一起进步。

温馨提示：

第一次求职的中职生切莫一味追求大公司、大企业。找工作的关键在于找到适合自己的位置，脚踏实地，走一条适合自己发展的路，不要这山望着那山高，在生活中失去自我。

学以致用

【讲一讲】

阅读以下寓言，完成文后题目。

有3个人在打石头，承包商想雇佣1个人，于是问他们在干什么。"我在打石头。"第1个人答道。承包商问第2个人同样的问题。"我在打石头，然后用它盖房子。"第2个人答道。承包商问第3个人，他说："我在建大礼堂。"于是，承包商选择了第3个人。

学习任务：每位同学以《目标是心中的罗盘》为题，写一篇心得体会，并通过主题

班会进行演讲比赛。

【确定目标】

1. 结合自身职业生涯发展的条件，确定长远发展目标和现阶段目标。

2. 在小组里交流各自的长远目标、阶段目标及其决策过程。说明放弃了哪些目标，说出放弃的原因；确定了哪个目标，说出确定的原因。听取同学的意见，反思自己的决策过程有无疏漏，如果漏洞较大，则要对自己的决定予以调整。

3. 向亲友、老师或父母谈谈自己选择的长远目标和阶段目标，听听他们的意见，反思自己的选择过程有没有疏漏，考虑是否要对自己的决定予以修改、调整。

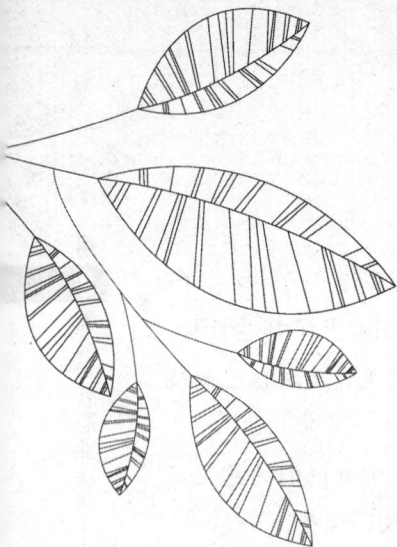

第 2 课

目标实施策略——运筹帷幄

一、制定行动方案

目标的实施，需要有行动方案的支撑，每个人需要为自己制定一个行动方案，细化职业生涯目标。生涯目标可以相应地划分为多项交叉并互不排斥的目标。例如：经济价值目标，单纯地以经济条件来判断，如 40 岁时挣到 150 万元；职务目标，以个人职务作评判依据，如 35 岁当上部门负责人；能力目标，以自我能力的提高为标准，如 38 岁时能组织领导 80 人左右的队伍；人生价值目标，以自我价值实现为目的，如 30 岁时创立自己的公司。

读读想想

一个总经理助理的自述

"规划要从学校做起，在校时，我制订了一个'三步走'计划：一年级，埋头苦读，好好地把理论知识学好；二年级，在抓理论学习的同时，参加一些社会和学校组织的考证培训；三年级，多参加社会

实践活动，增加自己的社会经验，开拓眼界，为以后能更快更好地适应社会做铺垫。

毕业后，我选择了一家从事洁器设计和安装的高新技术企业，天天往工地上钻，不懂就向老师请教，学到了许多书本上没有的知识。1年后，我被提升为该公司的项目经理。就在那时，我忽然接到了一家大型公司的面试电话，原来，他们看到了我当初挂在网上的简历。

面试时，董事长与我长谈了2个多小时，结果，他充分肯定了我的专业知识、能力和人品，当即聘我为总经理助理。

目前，我们公司接到了一个大项目，为印尼设计建造一个大型发电厂，这给了我一个施展才华的大舞台。在原单位我只是一个工地上的负责人，可现在我不仅要负责施工技术方面的指导，还要参与采购、商务谈判、起草合同等多项事务，可以说这份工作对我的能力提高起到了很大的推动作用。我清楚地知道，对于年轻的我来说，前方还有许多路在等着我去跋涉，我会一直努力下去的！"

就我们目前的学习而言，可以把目标细化为以下几个方面：

学习目标：（1）学历目标。在完成中职阶段学习任务的同时，学有余力的同学可参加自学考试，用一定时间拿到专科学历，或参加高职升学。（2）职业资格证书目标。毕业时拿到职业技能水平证书与计算机等级证书，在学有余力的基础上参加课外培训，拿到有用的职业技能证书等。

能力目标：与人沟通的能力、团队合作的能力、说的能力、写的能力、创新能力等。

素质目标：职业意识、职业道德、人格修养等。

能力与素质是软件，虽没有刚性标尺，但一定要对自己有所要求，并在日常的学习、工作与生活中有意识地培养锻炼自己。

一专多能路子宽

读读想想

小钟是学前教育专业的学生，她酷爱钢琴。为了学好钢琴，小钟为自己制定了明确的练习目标，充分利用课余时间进行学习，高一时钢琴水平已经位于同学前列。在此基础上，高三时小钟报名参加了钢琴培训，钢琴水平突飞猛进，并考取了钢琴业余八级证书。毕业时她参加了某艺术学校教师招聘，经过笔试和面试，小钟娴熟的钢琴技能赢得了在场评委的一致好评，成为该校的一名优秀钢琴教师。

温馨提示：

小钟很好地解决了个人爱好与专业的关系，对自己的职业目标进行细化，使自己拥有了更宽的就业路子，自然得到机会的垂青。

性别对就业的影响

知识链接

我国是社会主义国家，主张男女平等，同工同酬，反对男尊女卑和对妇女的歧视。但由于封建社会的思想残余影响，重男轻女的现象仍然存在，这在一定程度上影响了女性的就业。但从积极方面看，就从业而言，男女有别也是有些道理的，有的工作更需要男性去做，有的工作更需要女性去做。所以，在职业生涯设计与规划时不妨也把这个因素考虑进去。

二、职业规划的实现策略

制定了职业规划，接下来可采取一些适当的策略，以便如期达到职业生涯目标。这些策略可以单独实施，也可以一同实施。

1. 职业规划要靠奋斗拼搏

现实中，大部分人会勇敢面对挫折，并不断努力改善。可是当挫折接踵而来、生命以最残酷的面貌出现时，又有多少人能坚持当初的理想？

职业规划的实现不是一蹴而就的事情，需要我们在实现理想的过程中，克服来自各方面的困难，坚持自己的理想，坚韧不拔、吃苦耐劳、勇往直前、奋斗拼搏。

读读想想

中央电视台《面对面节目》，主持人采访世界台球冠军丁俊晖。

主持人："你18岁就获得了世界台球冠军，有人教吗？"

丁俊晖："没有，冠军不是教出来的，是练出来的。"

主持人："你每天练多长时间，间断过吗？"

丁俊晖："我每天至少练8个小时，从不间断，一年的休息日加起来也不超过1个星期。"

主持人："听说你在上海、广州练球期间吃住条件都很差，受得了吗？"

丁俊晖："只要有球练，上了球台，我就什么都忘了。"

主持人："这样日复一日、年复一年地练，累不累，想到过退吗？"

丁俊晖："没有，我必须勇往直前，别无退路。"

主持人："你已获得世界台球冠军，还有什么打算？"

丁俊晖："我只是初次获得世界台球冠军，真正的世界台球冠军应该是世界等级积分和世界排名第一，应该打败所有对手。"

主持人："世界台球界公认、按技术数据统计显示，亨得利的总体水准已高不可及，你认为怎样？"

丁俊晖："目前，亨得利的总体水准确实比我高。但是，我发现他也有弱点，我只要研究他的弱点、将他的弱点变为我的优点，努力追赶，就能超过他，我的目标是争世界第一。"

2. 加强自我展示

读读想想

小周是财会专业的学生，她在学校时是一个有名的才女，不但无所不通，口才与文采也是无人可与之比肩的。

毕业后，经过笔试面试，她去了一家小有名气的公司工作。在这个人才济济的公司内，每周都要召开一次例会，讨论公司计划。每次开会很多人都争先恐后地表达自己的观点和想法，只有她总是悄无声息地坐在那里一言不发。她原本有很多好的想法和创意，但是她有些顾虑：一是担心自己刚到这里便"妄开言论"，会被人认为是张扬，是锋芒毕露；二是怕自己的思路不合主管的口味，被人视作幼稚。

就这样，在沉默中她度过了一次又一次激烈的争辩会。有一天，她突然发现，这里的人们都在力陈自己的观点，似乎已经把她遗忘在那里了，于是她开始考虑要扭转这种局面。但这一切为时已晚，没有人再愿意听她的声音了，在所有人的心中，她已经根深蒂固地成为了一个没有实力的花瓶人物。最后，她终于因自己的过分沉默而失去了这份工作。

自我展示的内容包括2个方面：一是自己的职业理想和追求；二是自己的实际工作表现。工作中，应该通过交流，把自己的能力和追求呈现给上司，让他们认识到你的工作及你的重要性。当然，我们应该根据实际情况，合理地呈现自己的职业理想和追求。如果提出的要求过高，对自己的评价不切实际，也可能会造成负面的影响，对职业生涯发展造成消极的后果。另外，自我表现也要讲究策略和艺术。

读读想想

学前教育专业的小方的理想是当一名优秀的幼儿园教师，为此，她到当地一所规模很大的幼儿园去面试。由于招聘条件规定要有2年以上工作经验，所以，她没被录用。

但是，鉴于她品学兼优，校长征求她的意见，问她是否愿意当办公室秘书，她欣喜地同意了。

小方在当办公室秘书期间，没有放弃做幼儿园教师的心愿，她经常听课、写心得，请老教师指导做教案……

2 年的时间一晃过去了，小方再次向校长表明了自己想当老师的心愿，并郑重地递上 10 份认真做好的教案，请学校审核。看到她有这样的执着精神和认真态度，校长被深深地感动了。经校长提议，教学督导组听课评审，因为小方的突出表现，她终于如愿以偿，当上了该幼儿园的教师。

3. 合理协调各种关系

人际关系是职业生涯中一个非常重要的课题，良好的人际关系是舒心工作的必要条件。

保持微笑，让所有人看到你的友善。既然人的生命中有很大一部分时间在工作，那么何不以更开朗的心态来面对呢？

读读想想

关于天堂与地狱，有这样一个故事：有人问传教士天堂与地狱的区别。传教士把他领进一间屋子，只见一群人正围坐在一口铁锅旁，每人拿着一把汤勺，可是，由于汤勺的手柄过长，盛起的汤怎么也送不到嘴里，一个个只能眼睁睁地看着锅里的美餐饿肚子。传教士又把他领进另一间屋子，同样的铁锅、同样的汤勺，人们却吃得津津有味，原来，他们在用长长的汤勺相互喂着吃。传教士说："那里是地狱，这里是天堂。"

学以致用

【试一试】

就高一阶段的发展目标给自己制定详细的行动方案，把你的方案放在小组里讨论，同学们互提意见，查漏补缺。

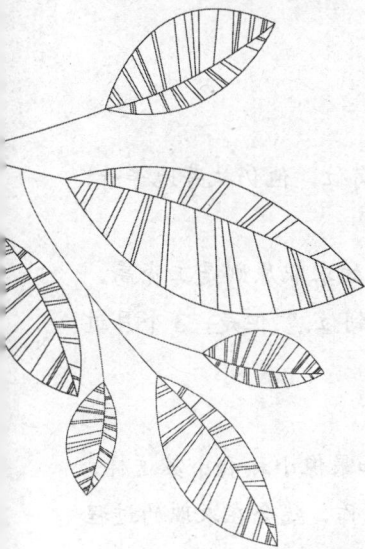

第 **3** 课

职业规划反馈与调整——日臻完善

一、职业规划的评估

在人生的发展阶段，由于社会环境的巨大变化和一些不确定因素的存在，会使我们与原来制定的职业生涯目标与规划有所偏差，这时需要对职业生涯目标与规划进行重新评估和做出适当的调整，以更好地符合自身发展和社会发展的需要。

1. 职业规划中的一些常见误区

（1）不从实际出发，高估自己的能力。

不少人相信"不想当将军的士兵不是好士兵"这句话。其实，现实生活中的情况是，将军的位置很少，如果大家的目标都是当"将军"，那么这种主观愿望就会与客观条件产生差距，使你在执行计划时遭遇许多挫折，因此，制定职业生涯目标时要从实际出发。

读读想想　　又到每一年实习就业季，求职时，计算机网络专业的小林因自恃学习成绩好，期望值过高，一心想着进"外企"、

做"白领"。结果，3个月过去了，同学们都顺利地走上了工作岗位，他仍执著地等着，还说："我宁可做大池塘里的小鱼，也不做小池塘的大鱼。"

无独有偶，经过"深思熟虑"，财会专业的小苏为自己定下的求职原则是工资高、福利好、工作轻、离家近，并声称："不要步步为营，只要一步到位。"但是，3个月过去了，还未找到理想的企业。

温馨提示：

职业规划的立足点是自己的客观实际和主观愿望的统一，如果像小林和小苏这样，好高骛远，不立足客观实际，一味地由着自己的主观愿望来找工作，就会在求职的过程中走弯路。

（2）相信命运，不愿做计划。

很多人相信成功者是由于有好的机会，因此，他们被动等待命运的安排，而不主动地去计划、经营和努力把握自己的生活，这种人只能守株待兔。职业前程计划是组织和个人双方都参与的事，最终的实现者是个人，因此，我们不能抱着做一天和尚撞一天钟的态度来对待自己的未来。

读读想想

小赵毕业后，1年内接连换了3份工作，都被用人单位辞退了，现在，只能游荡在社会上，成了没人认领的"孤儿"。

第1次在一家食品加工厂打杂，由于拈轻怕重，经常偷懒，能少干就少干、能不干就不干，不肯多出一分力，不到3个月，就被辞退了。

第2次在一家食品零售店站柜台，由于"七窍不通，八面威风，九（久）坐不动，十（实）在无用"，不到半年，又被店老板炒了鱿鱼。

第3次经熟人介绍进了一家饭店当服务员，由于经常迟到早退，且好吃懒做、不听指挥，不到2个月就被老板赶了出来。

原来，他上学时就是班里出了名的懒虫，上学3年中，从来没有扫过一次地，也没擦过一次窗，那时，他还以为占了小便宜而沾沾自喜呢！

（3）事无巨细，效率低下。

有些人以为在单位时间越长，越能显示自己的勤奋。其实，工作效率和工作业绩才是最重要的，整天忙忙碌碌但不出成果，不是一个有效工作者。有些人总说自己忙，老有干不完的活，由于事无巨细，浪费了许多时间和精力。应该将要做的事做好计划，分清轻重缓急，抓住主要矛盾，不要芝麻西瓜一把抓。

（4）这山望着那山高。

趣味故事

有只长臂猿，每天在森林里荡来晃去、嬉戏玩耍，日子过得很快活，可就是有时饱一顿、有时饿一顿，实在不好受。

还是那山高啊！

有一天，长臂猿逛到山脚下的动物园，看见笼子里关着一只红毛猩猩，面前摆着许许多多的水果和食物。长臂猿一边咽着口水一边想："它每天不做事，就可以痛痛快快地填饱肚子，而我整天忙忙碌碌的，辛苦死了，也找不到多少东西吃。"

就在这个时候，笼子里的红毛猩猩无精打采地抬起头，望了望长臂猿，也正在想："咳！你才幸福呢，每天可以在森林里自由出入，多么逍遥自在啊！"

总是觉得别人的工作更理想，因此产生跳槽的想法，而没有想到到了新的工作岗位要建立新的人际关系、面对新的矛盾和挑战。不管谁做什么工作都是不容易的，因此，要客观分析自己的工作，要持有立足现实的态度。

读读想想

计算机网络专业的小孟毕业后录取在一家广告公司就职，绘画设计本是他的特长，加上业务较多，挣钱不少，对于一个初出茅庐的中职生来说，应当可以满足了。但是，当他看到别人搞长途客运挣钱更多时，就动了心，轻易辞职后，与朋友合伙投资购买了一辆中型巴士，搞起客运来。开始时，倒也确实赚了些钱，他很高兴。但不到半年，小孟出了车祸，不但摔坏了车，还赔了 6 万多元。心急之下，他又从银行贷款转搞服装批发，结果，由于服装批发行业越来越不好做，最后又赔掉了 4 万多元。此时，小孟真是瞻念前途不寒而栗了。

2. 评估与反馈

职业生涯规划的评估与反馈过程是个人对自己的不断认识过程，也是对社会的不断认识过程，是使职业生涯规划更加有效的有力手段。

趣味故事

一头老驴掉进了一个很深的废井，根本无法爬上来，也没有人去救它，老驴几乎放弃了求生的希望。倒霉的是，每天还有人不断地往废井里倒垃圾，似乎要把它活活地埋葬，老驴气愤至极。可是有一天，老驴忽然开窍了，"这不是天赐良机吗？"它想。于是，它每天把垃圾踩在脚下，又从垃圾中找出残食来维持自己的生命。终于有一天，老驴踩着越积越高的垃圾重新回到了地面。

我们应在实现职业目标的过程中总结经验和教训，修正对自我的认知和最终的职业目标。对于职业目标，我们在刚开始时大多数是模糊的、抽象的，有时甚至是错误的。在努力工作一段时间后，有意识地回顾自身的言行得失，可以检查验证自己对职业目标的设想是否正确，是过高还是过低。不少人是在一段时间的尝试和寻找之后，才了解自己到底适合哪个领域和哪个层面的工作。

二、职业规划的修正

外部条件的变化，既会对从业者发展目标的实现带来困难，也会给职业生涯发展带来新机遇，每个从业者必须正视现实，勇敢面对挑战。不失时机地调整发展目标，根据新目标有的放矢地提高自己，用自身素质的提高来主动适应外部条件的变化。

读读想想　　1902 年，受进化论思想的影响，年轻的鲁迅带着一个美梦来到日本，进入仙台医学专门学校留学，决心学好医术回国后救治体格羸弱的国民。

一个偶然的机会，当他在学校放映的一部电影里看到 2 个体格十分健壮的中国青年被日本人砍头、而画面中"许多久违的中国人"竟表情麻木时，他猛然醒悟："医学并非一件紧要事……我们的第一要素，是在改变国民精神，而善于改变精神的是，我那时以为当然要推文艺。"（《呐喊》自序）于是，他毅然选择了退学，投身于轰轰烈烈的新文化运动中，用手中的笔和文章来唤醒国民，改变国民精神。

1918 年 5 月，他第 1 次用"鲁迅"的笔名，发表了中国文学史上第 1 部白话小说《狂人日记》，对人吃人的封建制度进行了猛烈地抨击，奠定了新文化运动的基石。

此后，他便一发而不可收。鲁迅陆续创作出版了《呐喊》、《坟》、《热风》、《彷徨》、《野草》、《朝花夕拾》、《华盖集》、《华盖集续编》等专集，表现出强烈的爱国主义精神和彻底的革命民主主义思想，成为中国新民主主义文化革命的一面旗帜。

修正职业生涯规划时，应该掌握以下的方法：第一，对自我条件重新剖析，在总结以往实践经验和发展目标的基础上，通过自问"我能干什么？我能干好什么？"进行审视。第二，对发展机遇重新评估，通过问"什么可以干？"进行审视。第三，对职业发

展目标重新修正，通过问"我为什么干？"进行自我审视。第四，对发展措施重新修订，通过"干得怎么样？"和"应该怎么干？"的问题进行自我审视。

知识聚焦

职业生涯规划修正"七问"

自己喜欢的工作到底是什么？

自己的专长是什么？

现在的工作对自己的重要性？

有哪些工作机会可供选择？

我将要怎么做？

我的下一个工作将要做什么？

当我做现在的工作时，将为我的下一个工作做什么准备？

知识链接

职业生涯发展阶段

职业生涯是一个人一生的工作经历，是职业、职位的变动及工作理想实现的整个过程。Super（1957）职业生涯发展理论将人的职业生涯分为 5 个阶段：（1）职业成长阶段（0~14 岁），幻想、职业兴趣和能力阶段。（2）职业探索阶段（15~ 24 岁），探索各种可能、做好工作的准备。（3）职业确立阶段（25~44 岁），工作生命周期的核心部分，尝试稳定。（4）职业维持阶段（45~65 岁），建立一席之地，保住这一位置。（5）职业衰退阶段（65 岁之后），接受权利和责任减少的事实，准备退休。

学以致用

【做一做】

制定一个学期的学习、生活、实习、实践规划，在学期结束前进行调整。

第四单元　职场入门

机会只会垂青时刻准备着的人，如果说职业生涯规划是同学们步入职场的"战略"问题，那么实现择业计划的方法和技能就是同学们达到职业目标的"战术"问题。

只有设计好自己的职业方向，在平时朝着自己既定的目标不断积累，做好必要的准备，掌握一些择业的技巧和方法，不断提高，才会有美好的前程。

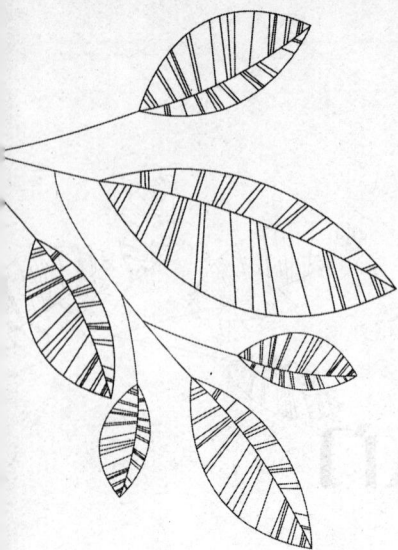

第 *1* 课

就业信息的搜集和应用——寻踪觅径

一、就业信息的获取

面对竞争日趋激烈的就业形势，毕业生之间的竞争固然主要是专业技能和综合素质的竞争，但在一定程度上，也是信息的竞争。从某种意义上说，在这个信息社会中，谁掌握的信息多，谁就能赢得求职的主动权。就业信息的准备对即将就业的中职生来说至关重要。

1. 就业信息的内容

就业信息的内容非常广泛，主要包括就业政策法规信息、宏观经济形势、供求信息等。

第一，就业政策法规信息。就业政策法规信息是一定时期内客观经济要求的集中体现，毕业生应了解相关的政策法律法规，一方面可以运用法律手段保护自身的合法权利，

另一方面避免触犯相关的法规。目前，已出台的相关法规有《中华人民共和国劳动法》（以下简称《劳动法》）、《劳动合同法》，以及劳动力市场管理条例、人才市场管理条例等。

读读想想

根据城阳区委、区政府《关于进一步做好促进就业工作的意见》的有关规定，2012 年城阳区劳动与社会保障局，就农村劳动力转移培训资金补贴有关事宜做了如下规定：未能升入高一级学校学习的区内农村初、高中毕业生，可以自愿参加农村劳动技能培训，劳动保障部门采取灵活多样的培训形式，必须保证培训质量，使参训人员达到岗位技能要求。

农村劳动力转移培训费用由市、区、街道 3 方负担，比例为 3∶4∶3，按照培训补贴每人 500 元执行。

第二，宏观经济形势。宏观经济形势的变化决定着毕业生就业形势的变化。随着社会经济状况的变化，社会职业出现了分化、重组的格局。新兴产业层出不穷，冷热行业不断转换。

读读想想

2008 年，青岛市轨道交通项目建设全面启动。2009 年 8 月 13 日，《青岛市城市快速轨道交通建设规划》（2009～2016 年）获得国家批准，随着地铁项目的开通，对地铁相关工作人员的储备也在进行中。2013 年 7 月 6 日、7 日两天，900 多名应届高中毕业生参加了 2013 年青岛地铁定向委培招生的首批面试。这是青岛地铁最大规模一次定向委培招生，将来主要服务于青岛地铁 3 号线、2 号线。

第三，供求信息。供求信息与我们找工作密切相关。供求信息分为供方信息和需求信息。

供方信息，即生源情况。需求信息，即招聘信息。用人单位具体的就业信息对求职起着直接作用。对一条需求信息，我们要掌握以下几个方面的情况：（1）用人单位需求人才的数量和具体要求；（2）用人单位的性质和经营范围；（3）用人单位的规模、地理位置和在行业中、地区中的地位；（4）用人单位的福利待遇（包括工资、奖金、住房和职工培训机会等）；（5）用人单位的联系方式。

读读想想

在人才交流会上，小胡发现某公司摊位前围观的人特别多，心想："这一定是一家热门单位。"于是拼命挤了进去。只听招聘小姐说："……成绩好不好不要紧，只要你有才华，薪水自然少不了……由于公司准备扩大规模，急需招聘大量人才，专业不限，欢迎有志者加盟……"

这时，小胡的心有点按捺不住了，想想前面已碰了几次钉子，这个机会不能再错过，便匆匆把材料投了过去。小姐热情地收下了材料，大致看了一下，随即发给他一份宣传材料说："仔细看看，如果满意，我们可以当场签约。"由于资料印刷精美、图文并茂，有漂亮的写字楼、气派的厂房、崭新的集体宿舍……小胡看了后，觉得机不可失，失不再来，生怕夜长梦多，便当场签了协议。

报到的这一天终于来了，小胡在漂亮的总部办公楼里办完报到手续后，即被告知去公司下属的一个分部上班。然而，当他兴致勃勃地坐了数小时的车来到一个偏僻小镇时，他惊呆了，只见宿舍陈旧，厂房低矮，脏乱的环境不堪入目……

2. 就业信息搜集的渠道

学校就业安置处的老师。他们是具体负责本学校毕业生就业工作的，同一定范围内的相关用人单位有着广泛的接触，就业指导经验也比较丰富。他们是毕业生获取社会需求信息的主要途径之一。

报纸、杂志、广播、电视等传播媒体。各级各类企事业单位、三资企业、民办企业等用人单位常常通过报纸、杂志、广播、电视等新闻媒体传播自己对毕业生的需求信息。

人才市场和毕业生供需见面会。目前，我国的人才市场已初具规模，各用人单位实行信息联网，他们把自己的人才需求信息输入计算机网络，为毕业生提供信息服务与咨询。供需见面会为用人单位和毕业生提供了直接见面的机会，使双方可以互相选择并达成协议。通过这种途径得到的信息或签订的协议比较直接和准确，用人单位和毕业生双方都比较满意，所以成功率通常比较高。

读读想想

2010 年 3 月 24 日上午 8：30，"城阳区职业中专 2010 年幼师专业毕业生推介会暨 2008 级幼师专业技能汇报表演"在学校教学楼六楼举行。全市共有 50 多所幼儿园参加了此次推介会。在技能汇报表演中，同学们纷纷展示了唱歌、

舞蹈、弹琴、绘画、手工等特长，受到了幼儿园园长们的青睐。演出结束后，举行了供需见面会，各幼儿园园长和本校 160 名毕业学生进行了面对面交流洽谈，气氛热烈，各园长对该届毕业生的专业理论水平和技能技巧给予充分认可。通过推介会，该校幼师毕业生全部与幼儿园达成了就业意向。

亲朋好友。毕业生在求职择业时，可以与自己的亲朋好友联系，以便了解情况、收集社会需求信息；也可以通过熟人和朋友了解社会需求信息。一般来说，他们对自己所处的行业或单位情况比较熟悉，同时对择业者即毕业生也有一定的了解，所以通过这种途径得来的社会需求信息往往也比较可靠。

通过网上获取社会需求信息。信息技术的发展使毕业生传统的求职择业方法慢慢地发生了变化，一些专业的招聘求职网站的出现方便了求职择业，使得毕业生有了更广阔的求职空间。

知识链接

常见的大众化招聘网站有：51job、前程无忧网、中华英才网、智联招聘网、一览英才网。

适合当地求职的招聘网站：58 同城网、百姓网、赶集网。

读读想想

一天，小杨在某人才网上看到一家企业的招聘启事，觉得自己比较适合，就将简历发了过去。没几天，对方回信说，小杨基本符合录用条件，但需预交存档费、培训费、工装费等各项费用，共计 200 元。为了不失去这个就业机会，心存犹豫的小杨考虑再三，还是将钱寄了出去。但这以后，就再也联系不上那家公司了。

尽管 200 元并不是个大数目，但想想还是有点心疼，于是，小杨找到了发布这个招聘启事的网站。没想到网站的工作人员却回答他说，网站只负责登载招聘广告，不负责确认招聘广告的真伪。工作人员甚至还反问小杨："你发来的简历我们不也无法确认吗？"

温馨提示：

在获取就业信息的同时，要提防网络陷阱。

二、就业信息的运用

1. 去伪存真

就业信息是否准确，是择业人员能否做出决断的关键环节。信息不准，会给择业工作带来决策上的失误。

2. 量体裁衣

铺天盖地的就业信息令你眼花缭乱，你要学会从中挑选出适合你自己的。（1）依据自己的专业知识。（2）依据自己的兴趣爱好。（3）依据自己的性格特征。

另外，你还可以根据个人的要求，如对用人单位性质的要求、对用人单位规模的要求、对地理位置的要求等，在各种就业信息中选出有利用价值的、适合你自己的信息。

读读想想　小方毕业后，参加过几次面试，都失败了。一天，学校打来电话说，某公司有一个岗位待聘，问他是否愿意前去试试。小方欣然答应了，并在老师的指导下做了充分准备，终于顺利地走上了工作岗位。下面是小方的自述——

首先，我上网查阅了所有有关该公司的资料，包括该公司的发展历史、现有规模、生产品种及各部门的人才需求等，对该公司的基本状况有了一个初步的了解，并牢牢地记在脑中。

其次，我找到这家公司，扮作一名采购人员对其产品进行了详细的询问。在销售员的介绍中，我了解了该公司的产品价格、服务承诺、销售员的销售指标和提成比例等情况。回家后，我根据自己掌握的所有情况，对该公司做了分析，觉得它虽小，但很有发展前途。

在做了上述准备后，我才充满自信地前去面试。果然，在与主考官的交谈中，我发现我掌握的信息准确无误，我的回答正合主考官的要求，并多次赢得了主考官的点头认可。因此，没过多久，我就收到了该公司的录用通知书。

3. 及时运用

信息有很强的时效性，及时用之是财富，过期不用是垃圾。人才市场瞬息万变，用人单位发布需求信息后，随时都会收到毕业生的求职信息，及时与用人单位联系能体现出你积极的态度，为求职成功增加砝码。因此，当你收集到广泛的信息并加以分析处理后，应尽早决断并向用人单位反馈信息，不要因为犹豫不决而痛失良机。

学以致用

【搜一搜】

搜集就业信息，对这些信息进行分类、筛选和使用。以小组为单位，建立就业信息库，定期更新就业信息。

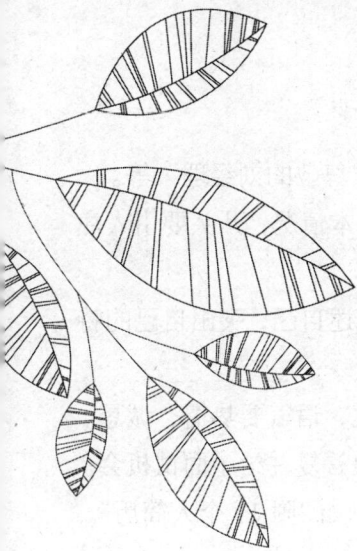

第2课

学会推介自己——展示自我

生活中少不了推销。从某种意义上来说，求职择业的过程就是同学们"推销"自己的过程。那么，怎样才能更好地"推销"自己呢？在自我推销前要做一系列的准备，除了就业信息的准备，还要做求职材料的准备。

求职材料主要包括求职信、个人简历表及其他各类求职证明材料等。

一、求职信

求职信是个人写给用人单位的信，目的是让对方了解自己、相信自己、录用自己。求职信的格式有一定的要求，内容要求简练、明确，切忌模糊、笼统、面面俱到。

求职信起到毛遂自荐的作用，好的求职信可以拉近求职者与人事主管（负责人）之间的距离，获得面试的机会多一些。

求职信的内容如下。

称呼：称呼要恰当。对于不明确的单位，可写成"尊敬的某某公司领导"等；对于明确了用人单位负责人的，可以写出负责人的职务、职称，如"尊敬的刘经理"等。

引言：引言包括姓名、就读学校、专业名称、毕业时间等基本情况，开头要引人注目，说明应聘缘由和目的。

主体：主体部分是求职信的重点，简明扼要并有针对性地概述自己，突出自己的特点，并努力使自己的描述与所聘职位要求一致。

结尾：信的结尾要留下你的电话、手机、E-mail 等联系方式，语气要热情、诚恳、有礼貌，把你想得到工作的迫切心情表达出来，请用人单位尽快答复并给予面试机会。

落款：包括署名和日期。若有附件，可在信的左下角注明。例如"附 1：个人简历"、"附 2：成绩表"等。

知识链接

求职信范文

尊敬的单位领导：

您好！

感谢您在百忙之中批阅我的简历。

我是×学校×专业的一名学生，即将面临毕业。

3 年来，在师友的严格教益及个人的努力下，我具备了扎实的专业基础知识，系统地掌握了×等有关理论；熟悉×工作常用礼仪；具备较好的英语听说读写译等能力；能熟练操作计算机办公软件。同时，我利用课余时间广泛地涉猎了大量书籍，不但充实了自己，也培养了自己多方面的技能。

此外，我还积极地参加各种社会活动，抓住每一个机会锻炼自己。中职 3 年，我深深地感受到，与优秀学生共事，使我在竞争中获益；向实际困难挑战，让我在挫折中成长。我热爱贵单位所从事的事业，殷切地期望能够在您的领导下，为这一光荣的事业添砖加瓦，并且在实践中不断学习进步。

收笔之际，郑重地提一个小小的要求：无论您是否选择我，尊敬的领导，希望您能够接受我诚恳的谢意！我的电话是×××

祝愿贵单位事业蒸蒸日上！

申请人：××

×年×月×日

附一：荣誉证书复印件

附二：个人简历

二、个人简历

针对想应聘的工作，将相关经验、成绩、能力、性格简要地列举出来，体现出自己的整体素质、教育与工作情况，以达到推荐自己的目的。

个人简历的基本内容如下。

基本情况：姓名，性别，年龄，籍贯，毕业学校，专业及学历情况等。

教育背景：按时间顺序列出就业前的在校读书过程或培训，以及参加自考、进修等学习过程。一般从初中开始列。

实践经验：主要突出从事各种兼职工作、实习和社会实践的时间、内容、成果。

求职意向：即自己愿意从事的职业，一定要简短清晰，不要把自己说成任何职位都适合的全才。

联系方式：主要是指联系地址、电话号码、手机号码，E-mail 等。

读读想想

某公司缺了几个技术岗位，条件是计算机必须要好，还要懂电子通信。参加完招聘会后，简历收到了不少，但细细看来，符合他们公司要求的却没有几个。忽然，有一份简历吸引了人事部主任的眼球。只见这份简历上写着：本人精通计算机，能熟练掌握电子通信技术……主任一看，这不正是我们公司要的人才吗？于是马上联系这位同学，并确定最后的面试时间。

总经理亲自主持最后的面试，但是这位同学竟是"一问三不知"，什么计算机技术、什么电子通信，他根本就不懂，甚至还闹出了一些笑话。人事主任尽量压住火，质问眼前的这位毕业生："你什么都不懂，这简历上怎么说你精通计算机？"

温馨提示：

个人简历一定要实事求是，切勿夸大其词或不着边际。

学以致用

【试一试】

青岛市大中专毕业生现场招聘会即将举行，涉及各个专业，请你根据自己的实际情况和求职意向写一份求职简历，并在小组中分享，小组成员互提意见。

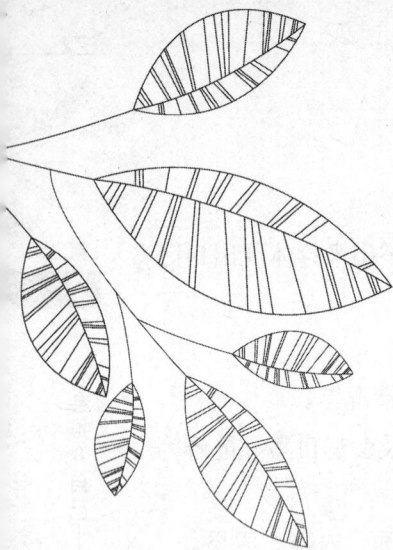

第 **3** 课

求职应试技巧——过关斩将

为了找到最合适的人选，用人单位通常有一个科学的甄选过程。这个过程通常包括3部分：求职材料、考试、进行评估。第3个过程是建立在前2部分基础上的。一份出色的求职材料是你的敲门砖，进了门是否会让你留下则主要看你能否通过考试，考试分为笔试和面试。要在考试当中脱颖而出，必须掌握一定的技巧。

一、笔试

一般来说，在企业组织的招聘中，笔试作为应聘者的初次竞争，成绩合格者才能继续参加面试或下一轮测试。

知识考试主要指通过纸笔测验的形式，对被试者的知识结构进行了解的一种方法。知识性考试的具体内容根据职位和公司文化而定。

读读想想

财会专业的小李，在校期间表现突出，成绩优异，多次参加区市级财会比赛，取得了很好的成绩。毕业时，她由学校推荐参加了当地一所大型企业的招聘，企业的领导

看到小李的求职材料时非常满意，马上安排了笔试环节。信心满满的小李将笔试题目很快答完，并提前交卷。人事部门在批阅的时候发现：小李的专业知识确实很好，笔试成绩很高，但是整张卷子错别字连篇，字迹潦草。经过部门一致讨论研究，决定淘汰小李。

温馨提示：

笔试环节除了考察应聘者的专业知识外，我们也要注意字体、错别字等细节。

二、面试

面试是整个求职过程的"临门一脚"，是求职成败的关键所在。在求职应聘的过程中，最好的介绍信是用我们的态度、素养和实力写就的，而这些又往往通过我们的仪表形象、言谈举止等细节显露出来。

面试时，我们的仪容仪表应整洁得体、美观大方，可以充分展现我们的外在美。面试场内我们要遵守相关要求，尊重考官，礼貌应答；坐姿优雅，始终保持关注的目光、积极的神情和真诚的微笑，用心聆听，诚信回答，展示我们的内在美。

衣着得体的气质男士，庄重高雅的魅力丽人，会给面试官留下美好的第一印象。美好的第一印象就像一把钥匙，在首次相见中就能打开机遇的大门。无论何时何地我们都要牢牢记住：糟糕的第一印象会让千辛万苦的努力化为泡影；世界上最具有说服力的介绍信是自己展示给他人的形象，而这形象是自己平日里用一点一滴的努力描绘的。

知识链接

求职面试礼仪自我检视清单

面试前：

头发干净自然，颜色和发型不可太"另类"；

服饰大方、整洁、合身，以套装为宜；

修剪指甲，不涂指甲油；

不佩戴夸张的装饰物；

穿合脚的皮鞋，而且要擦拭干净。

面试过程：

先敲门，经允许后再进去；

关闭手机，手脚放轻；

态度从容，情绪稳定；

眼睛平视，面带微笑；

说话清晰，音量和语速适中，避免言语失当；

神情专注，不抖腿、挠头、折纸、转笔、整理头发；咳嗽、喷嚏要掩口、回避对方，然后轻声道歉；

手势适度，不宜过多。

面试结束：

礼貌性地与考官握手、致谢；

轻声起立，并将座椅轻推回原位。

面试问题的回答原则

知识链接　　无论主试者提出什么问题，回答时要谨记下列几项原则：（1）回答前要认清对方到底想知道什么；（2）设法将与所应聘的工作相关的学习、经历与个人优点告知对方；（3）强调你对这个公司所能做的贡献；（4）问到自己过去一些不大好的成绩表现时，不要露出自卫、防御的样子；（5）要诚实。

学以致用

【实训练习】

1. 请几位同学在班上模拟面试，大家看看他们哪些技巧用得好，哪些地方要改进？

2. 练习握手、坐姿、站姿、问候等礼仪。

第五单元　职场体验

　　职场体验，有"众里寻她千百度"的惊喜，有"平平淡淡才是真"的宁静，有职场失意的懊恼和伤心，有一步一个脚印的踏实和自然，五味俱全。有人说："我挣的钱快把自己淹死了，但我感觉不到丝毫的快乐。"有人说："我挣的钱不多，我却很充实很有成就感。"每个人都应该为自己的职业选择付出代价，无论是得意、失意，还是酸甜苦辣。

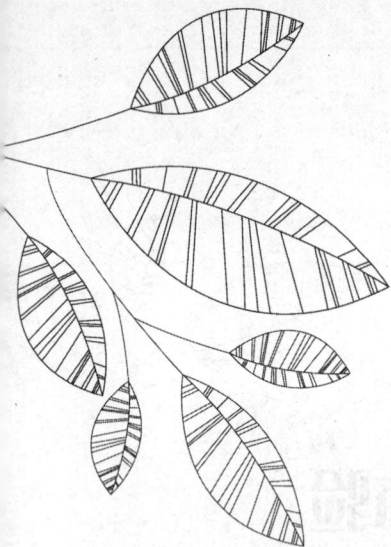

第 1 课

风雨职场——擦亮眼睛

一、提防"欺骗"

连线社会

一段时间以来，晚报新闻热线接到众多读者来电，反映他们在求职应聘过程中遭遇到的连环陷阱。仅 3 个月里，就有多达近 50 条线索与此

有关。现将"骗子公司"骗钱方式归纳如下。

"押金"。读者徐先生反映：8 月 9 日他前往上海某技术研究所应聘。面试时他交了 300 元押金，公司给他一种"产品"让他回去熟悉一下。8 月 22 日，公司告诉他没被录用，押金不退。

"服装费"。读者许先生反映：8 月 14 日他在某报上看到一则招聘启事，经联系，介绍人叫他到金沙江路上的"领林歌舞厅"见面，向他收取 800 元服装费。但是 8 月 15 日、16 日，许先生都没再见到介绍人。后来被告知，这

伙人只是在这里租了 5 天房，同时被骗的共有 30 人左右。

"培训费"。读者周先生反映：他看了某网站刊登的招聘启事后，与朋友来到德培丝公司应聘。公司称，交培训费 300 元，实习 8 天后可以上岗，8 天内不去的话不可退钱。双方签好合同开始培训，公司要求他们在 8 天内把产品推销出去。他的朋友与老板是同乡，老板就透露实情：此公司天天招聘，但从不录用人。此时，钱已不能退回。

中职生初涉职场大多"初生牛犊不怕虎"，却往往缺乏经验，辨别能力有限。正因为如此，中职生有的因求职上当受骗，有的甚至被骗入传销组织而走上违法犯罪的道路。

1. 信息致骗

（1）用人单位夸大宣传——挂羊头、卖狗肉。

一些单位在人才市场招聘时说招编辑、记者，实际是招广告业务员；打出招聘经理助理、财务总监、工程师等广告，而实际上却是做一些普通的工作。这类招聘广告所要招聘的大多是各种业务员、促销员，业务员没有底薪，全靠广告提成，除电话费外公司几乎不需要支付任何成本。

（2）借招聘宣传形象——企业免费做广告。

一些本来形象不错或有较好经营业绩的企业假借招聘之名，以"因业务快速发展，寻千里马，年薪 8 万~10 万元，送住房、买保险"等丰厚待遇招贤纳士，实际却是借招聘炫耀自己的品牌与实力，为自己公司做免费宣传。在招聘时，对求职者挑三拣四，有的直接以条件不合格或人员已满为由，不收简历；有的在招聘会上把收到的一叠叠简历草草处理，甚至随手扔在招聘会现场。这些公司多半是借招聘会在做广告、实际不招人。

（3）借招聘收培训费——暗度陈仓。

在一些招聘会上，经常有些手续正规的用人单位打着招聘的幌子，实质是为收培训费。这些用人单位一下要招几百人，招完后，对求职者说，上岗要培训，然后把这些人全部送去培训。实际上，这些单位和培训机构私下有协议，培训结束后只招几个人，因此培训考核获得优秀的也就这几个人。

（4）不良职业中介——"钟情"中职生。

社会上一些中介机构利用中职生们求职心切和缺少社会经验，收取高额中介费却不及时有效地联系工作。更有甚者，打一枪换一个地方，学生被骗后再去找时，已是人去楼空。专家提醒，中职生求职一定要到有资质、信誉好的职介中心去找工作，最好去当地教育、人事、劳动部门开办的就业市场。进门首先要看是否有劳动部门颁发的《职业介绍许可证》和工商部门颁发的《营业执照》，只有具备这两证才可从事职业介绍的工作。

知识链接

电子专业的小王毕业后一直没找到工作。一天，他偶然在车站看到一个小广告，广告介绍有一家货运公司招聘船员，待遇优厚。求职心切的小王找到这家中介，通过中介来到公司应聘，该公司先对其进行各种体检，并收取了110元的体检费，之后却以身体欠佳为由将他拒绝。小王找中介公司理论，工作人员却回答，是否应聘得上是你自己的事情，我们这儿收取中介费后只负责职业介绍，是否成功我们爱莫能助。

知识链接

遇到6种情况要谨慎：

（1）用人单位没有详细地址，也没有固定电话；

（2）一个注册资金只有几万至十几万元的用人单位，动不动就招几百人；

（3）用人单位的营业执照已超过有效期；

（4）办公地点是临时的，如临时租用某宾馆的1、2间客房办公；

（5）招聘工作人员对人力资源基本知识知之甚少，却热衷于广告式地介绍产品；

（6）用人单位向应聘者收取培训费、面试费、押金等不合法费用。

2. 传销欺骗

传销一词是从英文"Multi-Level Marketing"翻译过来的，缩写为MLM，意思是多层次相关联的经营方式。从MLM销售原理上来说，经过N个上下线才把产品或服务提供给消费者。

传销经营自20世纪80年代末90年代初传入我国后，由于其自身存在的种种弊端，加之目前我国尚不具备开展传销经营的市场环境，我国政府严禁传销经营。虽经我国政府及有关部门严加规范和监管，但不法分子在暴利的驱使下仍秘密开展非法传销。近年来，中职生经不住诱惑陷入传销黑窝已屡见不鲜：学生大多先以销售人员的名义上岗工作，然后传销公司让学生交纳一定的提货款，再让学生如法炮制去哄骗他人。有的经不住高回扣的诱惑，有的上当后骑虎难下越陷越深，不择手段地去欺骗自己的同学、朋友、亲人。

读读想想

日前被公安机关从传销窝点解救出来的某校学生，讲述了自己不幸涉足黑传销的经历：半年前一个朋友告诉她，他舅舅在南方开了一家公司，那里有很多高素质人才，很适合年轻人发展，特意邀她去锻炼提高。由于经不住诱惑，她匆匆南下，满腔热情地加入该公司。然而，所谓的公司，实际上只是一家打着直销旗号的传销黑窝点。她说："从此我过着非人的生活，每天的饭菜是白米饭、没油水的白菜汤，晚上睡觉则在地上铺一张席子，而所谓'高素质人才'都是用谎言和虚伪包装起来的'骗子高手'。他们整天绞尽脑汁、用欺骗的方式把价值几百元甚至一文不值的假冒伪劣化妆品以 3500 元或 3800 元的价格卖给下线。"在她待过的那个传销窝点，至少有来自各地的大中专学生近百人。她激动地说："这些打着直销旗号挂羊头、卖狗肉的传销黑窝点骗钱害人，使不少人家破人亡、人财两空，不少年轻人因此把握不住人生方向，失去生活信心，失去人格尊严。我之所以要实话实说，是想告诉那些糊里糊涂打算往这个死胡同里发展的，或者已进了死胡同但还心存侥幸捞一把算一把的年轻人，悬崖勒马，回头是岸，天上从来不会掉馅饼，千万不要利欲熏心！"

二、小心"陷阱"

1. 试用期陷阱

试用期，顾名思义就是劳动关系的试验阶段，这是中职生正式步入工作岗位要经过的一道门槛，是用人单位对工作人员的再次考验。但有些企业心术不正、精于算计，专门利用试用期与签约的时间差，获取廉价劳动力。

读读想想

某市一家民营企业，从某校一次聘用了 35 名拥有中级证书的电焊工，并称试用期一到，每人每月工资 3000 多元。

5 个月试用期刚满，老板突然向这些人宣布，他们中的 30 人因为技能达不到优秀而被解聘，只留下勉强达到优秀的 5 人。30 名毕业生，无端被老板给"炒鱿鱼"了。而老板面对前来询问的学院领导却这样说："我没有失约，5 名优秀的不是留下了吗？如果企业发展壮大了，我可能还会把他们聘回来。"在该市劳动和社会保障局领导面前，这位老板则另有一番解释："这批毕业生素质太差，半年都没培养出来。但我还准备从社会上招聘工人，为社会减轻就业压力。"

温馨提示：

这实际上是一种变相免费使用劳动力的行为，给正在求职期的中职生设置时间陷阱。有的人好不容易熬到试用期结束，公司却借口考核不过关，一纸通知让其走人，利用试用期工资低获得廉价劳动力。这样既耽误了求职者找工作的时间，又损害了他们的合法权益。

"优厚待遇"成诱饵

知识链接

试用期的合法权益

第一，单独的试用合同是无效的。根据《劳动部关于贯彻执行<中华人民共和国劳动法>若干问题的意见》的规定："劳动者被用人单位录用后，双方可以在劳动合同中约定试用期，试用期应包括在劳动合同期限内。"这就是说，不允许只签订试用期合同，而不签订劳动合同。

第二，《劳动法》第二十一条规定：劳动合同可以约定试用期，试用期最长不得超过六个月。

第三，资金担保违法，可酌情提供担保人。

第四，试用期企业须有理由退工。《劳动法》规定在试用期内，用人单位必须有证据证明劳动者不符合录用条件时，才能将其辞退。

2. 薪酬陷阱

招聘时有些企业开出优厚的待遇，等到员工正式上班时，之前的承诺却以种种理由不予实现，令求职者大呼上当；有些企业针对薪水中的一些不确定收入，进行模糊的承诺，最终不能兑现，或"缩水兑现"。

"优厚待遇"成诱饵

读读想想

小王毕业后经中介公司介绍到一家机电公司工作，只经过一次简单的面试就被录用了，公司负责人向小王承诺月薪2000元。想到专业对口，工资不低，小王非常满意，第二天就兴高采烈地报到上班了。

转眼1个月过去了，小王领到的第一份工资却是1000元，便去问公司负责人。公司负责人告诉他："你拿的是试用期工资，你的试用期需2个月。""试用期？当初可没对我说呀！先忍2个月再说吧。"小王心想。

一晃 2 个月过去了，小王领到的工资仍然只有 1000 多元，他又去问公司负责人。公司负责人对他说："你的试用期已满，按理可以拿全薪了，但我们公司实行的是计件工资，你来公司时间太短，还达不到我们公司的要求。年轻人，不要这样斤斤计较！""计件工资？当初也没对我说呀！再忍忍吧。"小王又一次吞下了苦果……

学以致用

【关键词】

试用期　　传销

【想一想】

技术员原来是卖剃须刀的？

应届毕业生小罗在人才市场投了一份简历后，收到了该公司的面试电话。他面试的是该公司的技术员职位，但是该公司要求，员工初入公司时必须到街头售卖剃须刀等商品，一段时间以后才能到所求职的岗位上工作。

如果你是小罗，遇到这种情况你会怎么做？

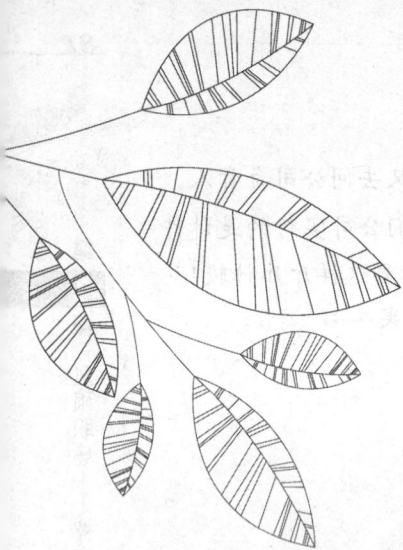

第2课

阳光职场——职场驰骋

一、坚守诚信

诚实守信是一种美德。从道德范畴来讲，诚信即待人处事真诚、老实、讲信誉，言必信、行必果，一言九鼎，一诺千金。在《说文解字》中的解释是："诚，信也"，"信，诚也"。可见，诚信的本义就是要诚实、诚恳、守信、有信，反对隐瞒欺诈、反对伪劣假冒、反对弄虚作假。诚信管理在人力资源管理中占着重要位置，是在招募、使用、选拔、晋升等环节中，对人的诚实性、可靠性、责任感等诚信特征进行考察、测量。由于诚信很难培训，诚信测试便显得尤为重要。

读读想想

刚从学校毕业的小秋，带着一脸的稚气与自信一头钻进人才市场。几经征战，进入她有意向的公司复试。复试很顺利，人力部门让小秋回家等通知，小秋刚要出大门，一个年轻人叫住了她，急喘喘地说："对不起你是刚参加面试的吗？你是学财会的吗？我们正需要验钞机，可人手不够，你能不能……"小秋点了点头，接过递过来的 2000 元。小秋很好奇，怎么会放心地给我 2000 元？但又不好问。8 月的天气，骄阳似火，小秋奔波于各大商场，却没发现物美价廉的验钞机。终于在一个私人电器行里，她发现了一个最新型的验钞机，价格也很公道。小秋就买下了。开发票时老板问她："开多少钱？"小秋一脸惊讶地说："难道不是按事实来写吗？"老板看出她的惊讶，神秘地笑笑："你想开多少都行，报销了不就成你的了。"小秋毅然摇了摇头。回到公司，她发现每个人都抱着一部验钞机，主考官站在其中，仔细巡视每一张发票……

勿以诚小而失之
勿以信小而不守

二、共事与合作

1. 微笑待人

笑容是一种令人感觉愉快的面部表情，它可以缩短人与人之间的心理距离，为深入沟通与交往创造温馨和谐的氛围。因此有人把笑容比作人际交往的润滑剂。在笑容中，微笑最自然大方，最真诚友善。

读读想想

泡在职场多年，你还保持微笑吗

下午 3 点，小余无精打采地走在办公室长长的走廊上，总经理走出办公室，背对着小余向前走，这时，走廊的那一头走来了行政助理小菲，小菲看见总经理立刻展开了甜美、自然的微笑，那笑容认真、热情，总经理微笑地点点头走了过去。

小菲的笑容在和总经理擦肩而过以后很自然地消失了。站在茶水间里，小余第一次在办公室里审视着自己的表情：疲倦、灰暗、没有神采，嘴角微微向下撇着，似乎在向外界表达一丝不屑的神色。小余瞪大了眼睛，原来自己在办公室是这样的表情。

今天您微笑了吗？

呵！难怪大多数的时候总经理看见自己是这么冷淡，而看见小菲却总点点头，厚此薄彼的根源原来是自己的表情。小余忽然对镜子里自己的脸产生了兴趣，怎样的表情才能给自己和别人都带来积极的心态和情绪呢？小余开始操练起来。她才发现：原来自己的微笑是可以改变的，对着镜子是可以学习、改善的。1个月后，小余惊奇地发现：总经理与她擦肩而过时开始频频点头，甚至露出肯定的笑容。——原来职场的微笑是需要训练的。

知识链接

微笑的作用

（1）表现心境良好。面露平和欢愉的微笑，说明心情愉快、充实满足、乐观向上，善待人生，这样的人才会产生吸引别人的魅力。

（2）表现充满自信。面带微笑，表明对自己的能力有充分的信心，以不卑不亢的态度与人交往使人产生信任感，容易被别人真正地接受。

（3）表现真诚友善。微笑反映自己心底坦荡，善良友好，待人真心实意，而非虚情假意，使人在与其交往中自然放松、不知不觉地缩短了心理距离。

（4）表现乐业敬业。工作岗位上保持微笑，说明热爱本职工作，乐于恪尽职守。如在服务岗位，微笑更是可以创造出一种和谐融洽的气氛，让服务对象备感愉快和温暖。

2. 尊重他人

懂得尊重他人是做人的道德准则，也是职业人的职业素质之一。人都有一定的自尊心，要想别人尊重你，首先便要尊重别人。一个不尊重别人的人是绝不会得到别人的尊重的。在人们的交往中，自己待人的态度往往决定了别人对我们的态度。就像一个人站在镜子前，你笑时，镜子里的人也笑；你皱眉，镜子里的人也皱眉；你对着镜子大喊大叫，镜子里的人也冲你大喊大叫。所以，要获取他人的好感和尊重，首先必须尊重他人。

3. 团队精神

在中央电视台《动物世界》节目中，曾经有这样的场面：6条2尺多长的小狼狗，居然能把1匹大斑马吃掉！整个过程是：6条小狗同时扑上去，第1条小狗一上去就咬住斑马的鼻子，无论斑马怎么撞它，它都死死地不放；4条小狗则咬住斑马的腿，无论斑马如何用力地甩、使劲踢，4条小狗照样死死地不放；第6条小狗一上去就咬住斑马的尾巴，困扰它。斑马前后左右都无比疼痛，很快丧失了自卫能力，最终站立不住了，猛地倒下，6条小狗继续进攻，不久就将斑马置之死地。这是自然界团队作战的神奇典范，并被经济学称作"小狗经济"理论。6条小狗能吃掉1匹大斑马，其秘诀在于8个

字——分工合作，团队作战。

几乎所有的现代企业都将建立团队精神作为企业管理追求的目标，运用各种方式和手段培养和强化团队意识；几乎所有的企业，在新员工招聘和老员工提升中毫无例外地把"具备团队精神"作为必备条件之一。

（1）尽快认识新同事。从身边的团队伙伴开始认识，不要因为一些琐碎、微不足道的事情而疏远他们，为他们着想，他们会逐渐接受你并与你结为好朋友。

（2）让你的上司知道你在做什么。不要假设你的上司已经知道你在做些什么，你应该主动告知上司你的工作进度。他不是你的敌人，而是你的朋友。

（3）团结同事共同完成实际工作。虽然要求你完成一些实际工作，但不要忘记身边的同事对你的帮助，虚心向老前辈请教，让身边同事与你一起分享工作的成果。

三、奉公守法

社会主义市场经济是法制经济，毕业生走上社会后，必须努力遵守法律规范，违反法律规范将受到法律的制裁。奉公守法，是每一个员工安身立命的前提。

知识链接

小刘毕业后被录取在邮局做邮递工作，他总是嫌工资太低，心中闷闷不乐。

时间长了，小刘发现邮局搁置着一批因地址有误而无法送出的信件，出于好奇，闲着没事时他就拆几封看看。一次，他发现一封信内有张500元的汇票，心想，反正是"死件"，谁也不会去查，何不为我所用？就偷偷藏了起来。次日，他来到黑市上请人伪造了一张收款人的身份证，神不知鬼不觉地将500元领走了。

然而，要想人不知，除非己莫为。一次，组长在复检"死件"时，突然发现少了一张在小刘投递区内的汇票，经有关部门核查，这张汇票领款人的签字笔迹竟然是小刘。在事实面前，他只得承认了自己的违法行为。

职业生涯规划与指导

学以致用

【漫画赏析】

（1）赏析漫画，了解主要内容和蕴含的深刻意义。

（2）确立调查对象，开展社会调查活动，撰写"我与诚信同行"的调查报告。

第六单元　职业发展

　　人的职业生涯似一条涌动不息的河流，永远在发展着、前进着，奔向一个又一个新的目标，可能时急时缓，但不会停滞不前。

　　据调查，在18～32岁，美国每个工作者平均换过8.6次工作，40%的人只要一有机会就会立即更换工作。随着经济发展和社会进步，特别是经济全球化、一体化及我国城市化、现代化进程的加快，人们的择业空间更广阔、职业调适能力更强，实现理想职业目标更有可能，因此职业发展的速度更快，这是现实社会发展的必然结果。

　　职业发展是人生发展的重要组成部分，是人生走向成熟、走向经验丰富的过程，从某种意义上说，实现了职业发展目标就实现了自己的人生目标。

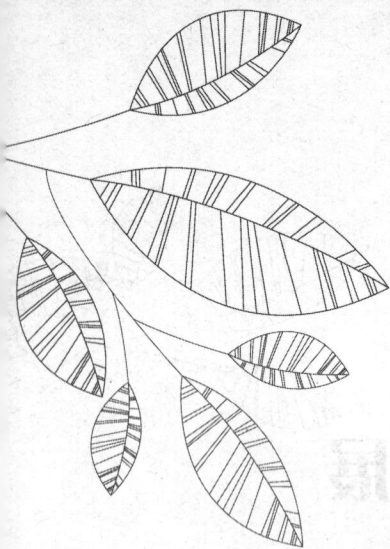

第 *1* 课

走好职场第一步——初出茅庐

实习试用是毕业生把学到的理论知识拿到实际工作中去应用检验、以锻炼工作能力的一次机会；实习试用是毕业生和用人单位进行了解考察、以确定是否符合自己要求的一段过程；实习试用是毕业生从"学子"变为"职业人"的一个转折；实习试用是毕业生走向社会走向成功的一道门槛，跨过这道门槛，展示在你面前的将是广阔的天地和灿烂的前程。

一、爱岗敬业是留驻的根

实习试用是毕业生踏入职场的第 1 步,是人的职业生涯的开端,能否走好这第 1 步,将决定你的整个人生前途。在某种意义上说,职业态度就是人生态度,就是人生观。态度决定结果,无论你有多么远大的理想,首先要把你的本职工作做好,爱岗敬业是留驻的根。

王永飞是某校 09 级汽修专业的学生，在校期间学习刻苦努力，2011 年进入青岛阿图·克拉博高档汽车会所参加实习。刚开始时，工作时间长、强度大，王永飞很不适应，但是他明白，这是自己踏入社会的第一步，再苦再累，也要挺过去，只要挺过实习这一关，今后无论走到哪里都不怕。

两个月过去了，王永飞在岗位上努力工作、爱岗敬业，很快赢得了公司领导的关注，被聘为公司的正式员工，成为阿图·克拉博高档汽车会所的部门负责人。

二、迅速融入团队

毕业生进入企业，第一关就是要处理好新老关系。要处理好新老关系，就得勤快好学，谦虚谨慎，这样才能迅速融入企业文化，才能得到老员工的称赞和帮助，学到经验，迅速成长。如果一进门就自以为是，看不起老员工，甚至与老员工发生冲突，那么结果往往是"一败涂地"，不仅学不到经验，反而不能融入企业，因为老员工有经验和经历的优势，而企业需要的也是"稳定"。所以，毕业生要有融入性，融入性能使你搞好人际关系，能使你取得领导的认可和赏识，能使你牢牢地站稳脚跟。

一个建筑专业毕业生的自述

我毕业后应聘来到一家建筑公司实习，心想，自己终于有了大展身手的机会。但是，领导仅安排我做些简单的影印工作，我心中一直愤愤不平。

也许是看出了我的心思，个把月后，领导让我参加了一次有关建筑测量的讨论，并要我做分析。说实话，关于测量方面的问题，我的理论基础还是可以的，可是面对实际工作，我却一时不知从何入手了。面红耳赤的我，引起了同事们的一阵大笑。

怀着满肚的苦涩和恼恨，我请教了自己的带教老师。带教老师告诉我，要摆正自己的位置，不可性急，实习生的任务就是好好看、好好学，学本领一靠时间、二靠领悟。我这才真正懂得了实习的目的，从此改变了过去盲目自高的态度，时时处处向前辈们请教。见到我虚心好学，前辈们也乐意指点我，有时去见客户也会带上我。就这样，在短短 3 个月的实习期间，我学习积累了不少实践经验，获得了实实在在的进步，而这在学校里、在书本上是绝对学不到的。

三、机会来自善始善终

按照劳动法，在实习试用阶段，用人单位随时随地可以单方面解除毕业生的劳动合同，而不需要任何理由。因此，面对严酷的竞争，毕业生只有善始善终，任何时候都表现出自己最好的一面，才有可能获得"留驻"的机会。

善始善终是一种优良品德，善始善终是一种敬业精神。也许你的能力稍稍差些，但是，善始善终的优良品德和敬业精神完全可以弥补这种不足。

读读想想 试用期满前，某公司对小何和另两个女孩的业务能力进行了考核，考核结果，小何比另两个女孩低了一两分，按"末位淘汰"的原则，公司人事部经理通知小何次日结账。

小何自然明白结账的含义，心中难免有些失落感，然而，想想自己的能力确实不如另两个女孩，也就觉得输得心服口服。

下午3点，有人劝小何说，最后一天早点下班吧！可她笑笑，仍一丝不苟地工作，并把自己的办公桌擦得干干净净，直到下班铃响，才不慌不忙地和大家一同下班。她觉得自己很充实，站好了最后一班岗。

第二天，小何按时到公司财务处结账，人事部经理已经在等她了，对她说："从今天起，调你到质检部工作。昨天下午，我暗中观察了你很久，发现你工作善始善终，十分投入，这是一种难能可贵的美德。正好质检部缺一位质检员，我相信你到那里会干得更出色。"也许是喜从天降的缘故，小何高兴得热泪盈眶。

四、努力创造业绩

为了提高企业的核心竞争力，企业需要留用的是人才。所以，在实习试用期间，毕业生应尽心尽力，努力创造出业绩，绩效是最有力的自我证明。此外，还应主动做些打扫环境卫生、整理报纸文件、接听电话等辅助性工作，这能给人留下勤快的印象，有利于迅速融入同事圈中，得到大家的帮助和提携。有的毕业生自视过高、大事做不来、小事不屑做，还评头论足、说三道四，那么，必然得罪同事和领导，其结果只能是淘汰。

读读想想 我毕业后到上海求职，经过面试，有幸进了一家较有影响的杂志社当实习记者。

我十分珍惜这一机会。从进杂志社的第一天起，除了努力做好本职工作，还坚持每天提前半小时上班，扫地擦桌，把办公室打扫得干干净净，使各位编辑老师有一个整洁舒适的工作环境。

不久，编辑部让我跑杂志销售业务。我从小不善于与人打交道，所以暗暗鼓励自己："一定要做出成绩来，只许成功，不许失败。"但事与愿违，当我鼓足勇气走进第一家联系单位，像背台词那样把先前想好的话倒完后，不到2分钟，就被对方"打发"了。

就这样，2周过去了，别人都谈来了客户，我却还没有拿到一张签单。主编把我叫去说："杂志社非常欢迎你留下来，但你一定要做出业绩，只有业绩才能证明你自己。"我听了心头怦怦直跳，像是走在悬崖上。我知道，除了继续努力，别无他路。

就在我最失望的时候，希望终于来了。一天下午，我冒着大雨去某校洽谈，或许是我按约而至，全身淋透了的样子感动了对方，对方爽快地与我签订了协议。有了初步的成功，我的信心更足了，我一如既往地用真诚去打动对方……

两个月的实习期结束后，我不但签署了正式的录用合同，还获得了一份可观的奖金。

五、自控力

为了选择最优秀的人才，一些好的企业往往采用"特殊手段"考验实习试用期将满的毕业生。有的毕业生工作表现不错，但是，自尊心过强，忍耐性不足，尤其是在受到无端指责时缺乏坚忍的自控能力，做出草率的举动，往往误了大事，令人惋惜。

情绪就像是一桶火药，毁灭的只是我们自己！如果说人生是一幕戏剧的话，那么，这幕戏剧的导演不是上帝，更不是命运，而是我们自己。卓越者之所以卓越，就因为有坚忍的自控能力，能改掉自身的缺陷。

读读想想

小张、小李和小王三个毕业生同在一家公司实习，实习期满后，经理通知三人到财务科结账走人。小张和小李气得变了脸，嘟嘟囔囔地说："辛辛苦苦干了几个月，有什么不好的，不分青红皂白就让走人，真是太无理了！唉，算了，叫干我也不干了！"两人说完，到财务科结完账，就怒气冲冲地走了。小王却不然，他结完账后，来到经理室，彬彬有礼地向经理告别，对经理在实习期内的关照表示感谢。经理满意地对小王说："我终于看到了你们三人的区别。现在，他俩受不了气都走了，只有你才是我们要留的理想人选，我们是一家十分注重服务态度的公司，希望你记住，永远把礼仪放在第一位，把顾客放在第一位。"

职业生涯规划与指导

学以致用

【趣味思考】

"水是什么形状的？"经理问。

"水哪有什么形状？"前来参加培训的实习生们窃窃私语着。

这时，经理倒了满满一杯水，高高举了起来。

"水的形状像杯子。"有人恍然大悟，大声回答。

经理笑了笑，把杯中的水倒入了边上的花瓶，拿起花瓶朝大家晃了晃。

"水的形状像花瓶。"大家同声回答。

经理又笑了笑，干脆把花瓶的水全倒入了台上的花盆。

眼见清澈的水一下溶入沙土，消失了，大家终于陷入了沉默和深思。

请问，经理的比喻说明了什么？

【案例分析】

毕业生高某，成绩较好，能力较强，为了找一份称心的工作，毕业时暗暗选择了两个单位实习，自以为这样做有利于选择。但是，反被两个实习单位退回了。

请问，高某这样做为什么会弄巧成拙？

第2课

把握职业发展机会——征战职场

　　每个人都有自己美好的职业期望，职业目标能否实现最重要的是把握机会。什么是机会？职业发展的机会就是职业生涯的调整或上升的新平台。机会总是留给有准备的人，一个怨天尤人的人只会眼睁睁地看着机会从身边溜走。我们要有足够的发展动力和信心去创造机会，世界上没有不可逾越的高山，奋力向前，就会有收获。

一、立足岗位，自强不息

　　人们从事的第 1 个职业岗位往往是生疏的、充满挑战性的，也可能是繁琐的、平凡的，但是初始的岗位工作经验往往是最重要的。一般来说，平凡的岗位有如下一些特点：

　　（1）缺乏挑战性；

　　（2）重复劳动；

　　（3）感觉没有专业前途；

　　（4）收入不高、待遇一般；

　　（5）缺少升迁机会；

　　（6）缺乏乐趣；

（7）职业活动范围狭隘。

如果辩证地分析平凡岗位，你就会找到平凡岗位具有的优势，如果能在平凡的岗位上做到最好，实现岗位成才，就会取得工作上的不菲成绩。

平凡的岗位与耀眼的明星

读读想想

许振超，青岛港一位只有初中文凭的吊车司机，30年如一日，练就一手绝活，1年内2次刷新世界集装箱装卸记录，创造了"振超效率"；李斌，上海液压泵厂的初级技工，在近20年时间里，一步一个脚印，成功开发5种类型共17台进口数控机床的加工功能，完成新产品开发55项，实现各种技术攻关项目162项，创造了"李斌效应"。

这些普普通通的工人，以勤劳的双手、不懈的追求，书写着新时代产业工人的"神奇"。他们的成就令人羡慕，他们的奇迹令人钦佩，他们的精神令人感动。在一些人看来，要成就一番事业，应该有高起点、高平台；如果工作环境差、条件一般、岗位平凡，很难脱颖而出，很难有什么大成就。很多人就是在这种怀才不遇的自怨自艾中抛掷了光阴，虚度了青春。

大千世界，众生芸芸，平凡的岗位千千万，不平凡的岗位能有几个？许振超，李斌的事迹告诉我们，干一行、爱一行、专一行、精一行，把敬业乐业的精神写在人生奋斗的旗帜上，平凡的岗位同样能创造辉煌。平凡中蕴藏奇迹，机遇往往是在平常的工作之中。抓住机遇、挑战奇迹、不断超越，这些都离不开一颗强烈的进取心。许振超在年复一年的桥吊工作中发现了劳动的美丽，李斌在日复一日的机床操作中看到了创造的价值。不断进取，不断向上，不推诿不敷衍，爱琢磨问究竟，哪怕是一件看来很简单、枯燥、单调的工作，也能干得有声有色。不甘于现状，勇于创新，凝聚起热情和智慧，全身心地投入到平凡的工作中，他们奋斗的过程就不是单调的音符，而是华美的乐章。有所发明，有所发现，有所创造，有所前进。

有的人说，自己根基太浅，水平一般，如何能摘取诱人的果实？梅花香自苦寒来。成功，需要天赋，需要条件，但更多的是付出辛勤的汗水，即使是"笨鸟"也可以先飞，勤于学习是通向成功的阶梯。实践是一所大学，知识改变命运，自学可以成才。许振超边干边学，着了魔似地钻研，自学专业技术知识；李斌向老师傅虚心求教，到国外接受培训，自学高中课程，考电大进修专业课程，几乎从未间断。他们不但攀越了一个个技

术高峰，也不断升华了自己的精神境界，成为某一领域的行家里手。我们高兴地看到，在改革开放的新时代，许许多多的许振超、李斌在平凡的岗位上做出了不平凡的业绩，他们是人们心目中耀眼的明星。我们要以他们为楷模、为榜样，在全社会营造学习劳模、尊重劳模、崇尚劳模、争当劳模的氛围，把劳动创造的壮美旋律融入现代化建设这一雄浑的大合唱中，谱写全面发展小康社会的新篇章。

（《人民日报》2004年4月29日第4版，作者：陈家兴。）

二、把握机遇，发展自己

实现职业发展要善于把握机遇。既要善于发现机遇，抓住机遇为己所用，实现职业发展的理想目标；又要善于发展和利用自身的潜在优势，挖掘潜力，创造机遇，发挥主观能动性，奔向新目标。

1. 看清流向

俗话说："水往低处流，人往高处走。"当你准备或决定流动转岗时，千万要看清你的流动方向，待遇、环境、前景、风险等各种因素都要认真考虑，具有十足的把握才行，绝不能抱着碰运气的天真想法，特别是自己目前的工作还算可以的时候，更应该慎重。

知识链接

跳槽的常见理由

（1）你在积极工作中，感到大多数时间都在漫不经心中度过，感觉不到乐趣。

（2）休假期间一想到即将开始上班工作，就心情沮丧，厌烦不已。

（3）薪水总在原地踏步，无法挣得更多的钱，付出的劳动与收入不匹配。

（4）有30%以上的工种是你极不喜欢的。

（5）大家都说你不该混得如此窝囊，你自己也有同感。

（6）工作中打不起精神，上班不能激发你"主人翁"意识。

（7）你无法适应你的领导或你努力工作却难以胜任自身的工作。

（8）现在的工作不能施展你的才能，而且已有更好地展示你的才华的用人单位。

2. 有决心还要有理性

读读想想

小彭是计算机专业的毕业生，毕业后自学大专文凭，应聘在青岛的一所民办高中教计算机课程，教的都是一些很基础的知识，待遇也不错，日子过得很平稳。

2 年后，小彭渐渐觉得工作越来越没前途。有一天，他终于鼓起勇气辞了职，决心趁年轻去大城市闯荡一下。于是，只身来到梦想中的上海。

一到上海，还来不及欣赏上海的景色，小彭就迫不及待地加入了求职大军。本以为凭着自己的学历和 2 年以上的工作经验，找份工作不成问题。可是，简历投递了一份又一份，面试经历了一次又一次，终没有一点着落。眼看着越来越瘪的钱包，小彭一筹莫展……

职业目标未选定、职场行情未了解就急于流动转岗，是年轻人求职的通病，也是小彭闯荡失败的原因。

小彭虽然有学历文凭和工作经验，但那是在青岛，且从事的工作很基础。一到人才竞争异常激烈的上海，他必无优势可言，再加上在上海人地两不熟，到处碰壁是可想而知的。好在小彭多少还有 2 年多的教学工作经验，如果以此为切入点，锲而不舍地去追求，或许他的"大都市梦"有一天能实现。

3. 跳槽也是一门艺术

读读想想

小季从计算机专业毕业后即被一家外企录用，经理十分器重他，工资待遇也不错。可是 1 年后，小季渐渐觉得该外企名气虽然较响，实际上内部管理松散，缺少将来性，不符合自己的理想。于是，他萌发了跳槽的念头，他在努力工作的同时，暗暗向数家心仪的外企投递了应聘信。

由于小季在校时就是一名好学生，简历十分优秀，再加上已有 1 年以上的实际工作经验，所以不久就被英特尔看中，面试后，英特

尔给出了翻倍的工资待遇。等一切准备就绪，小季向原外企提出了辞呈，并委婉地解释了自己的苦衷。"水往低处流，人往高处走。"善解人意的经理一边爽快地答应了他的辞呈，一边还想再挽留他，对他说："英特尔给你什么工资待遇，我们也给你什么工资待遇。"可是结果，终因小季去意已决没有挽留住。小季办完辞职手续后，请经理和部门同事吃了顿饭，对他们往日的关照表示感谢，然后，心情愉快地去英特尔报到了。

经英特尔培养，小季现已成为一名优秀的物流主管。

"燕雀焉知鸿鹄之志"，人的理想和目标是不同的。有的人一进外企就满足了，殊不知外企也有区别。一个缺少将来性且不合本人志趣的外企，是不适合你的发展的。遇到类似情况，应该主动寻找机会，果断跳槽；如果优柔寡断，就可能断送自己的前程。但是，跳槽也不能说走就走，按劳动合同法，劳动者如果单方面解除劳动合同，用人单位有权要求一定的赔偿。怎样才能取得用人单位的谅解，使用人单位放弃赔偿，让你高高兴兴地走人呢？那就要像小季一样"人性化"，在积极工作的基础上建立良好的人际关系。

学以致用

【趣味思考】

"老兄，你来来回回忙个不停，在干什么？"斑鸠好奇地问。

"搬家！"猫头鹰粗声粗气地回答，连头也顾不上回。

"这里挺好的，为何要搬家？"斑鸠又问，一脸疑惑。

"人人都讨厌我的叫声，我实在忍受不了了！"猫头鹰恨恨地说。

"那你改变一下叫声不就得了？"斑鸠不无同情地开解猫头鹰。

"爹妈给的，怎能改变！"猫头鹰反驳道，似乎并不领斑鸠的情。

"那你将永无定居。"斑鸠说完，自顾自地飞走了。

请问，斑鸠的话说明了什么道理？

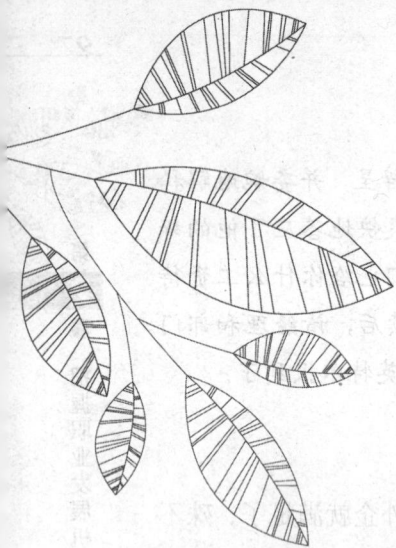

第 **3** 课

追求理想职业目标——永不停步

世界上任何一位成功人士职业生涯都经历了适应期——发展期——成熟期 3 个阶段，其职业生涯成功的根本原因在于对理想职业目标的不懈追求，在于有强烈的追求动力，最后达到职业成功的目标。

读读想想

吴文杰，汽修班学生，在 2010 年全国职业院校中职组技能大赛决赛中荣获汽车维修项目车身涂装金牌。

吴文杰对汽修有浓厚的兴趣，重视基础知识和基础技能的学习，勇于实践和创新，不放过汽修实训中任何一个小细节，认真总结、反思成功与失败，提高动手操作能力。"态度决定命运，习惯决定成败"这句话一直激励着他。老师的教诲知识的熏陶、不懈的努力使他渐渐成长为一名优秀的职专生。

2010 年，通过各级技能大赛选拔，吴文杰脱颖而出，代表学校参加全国技能大赛。通过学校老师的培养和自身的不懈努力，吴文杰掌握了扎实的理论知识和娴熟的操作技能，在紧张的赛场上沉着应战，凭借高超的技能和稳定的发挥，一举荣获中职组汽车维修项目车身涂装一等奖，成为全国技能"武状元"。吴文杰说："获得荣誉不是

人生的终点，而仅仅是一个开端，这块金牌是我继续钻研的起点，也是我不断赶超的目标。"

大赛之后，吴文杰被汽修4S店高薪聘请，将学到的知识充分运用到实际工作当中，很快就被提拔为维修车间班长。在工作过程中，他凭借坚韧不拔的精神克服了很多困难，积累了丰富的工作经验。2011年10月份，城阳区教育系统公开招聘职业学校技能教师。经过严格选拔考核，吴文杰被城阳区职业中专聘为技能教师。重新回到自己的母校，他的身份已经变成了技能教师，担负着重要的技能培训任务。吴文杰以满腔热情积极投身到技能训练中，将自己的技能和大赛经验传授给学生，要求学生掌握各项操作的基本流程，注重操作的质量。掌握后就进行以考带练的形式进行训练，使学生的每一个操作都符合规范要求。

吴文杰正在以自身的努力回报学校的培养，以自身的经历树立学习的榜样。相信在学校的大力支持下，通过老师和学生的共同努力，吴文杰一定会取得更加辉煌的成绩。

在现代化社会中，我们每个人都在随着社会的发展而发展，如果我们能够积累资源，则必然带来机会、机遇，职业发展就可以顺势而上，一帆风顺。在此基础上，全身心地投入到职业发展中来，就可以实现自己的理想职业目标，实现自己的价值。

学以致用

他出生于教师之家，但学习不尽如人意。小时候，成绩栏上红颜色比蓝颜色多，数学考试成绩经常在40分左右，只能用"对音乐有天分的人，好像数学都不太好"来安慰自己。英语老师甚至认为他有学习障碍。高中联考时，他的功课还是很差，只考了100多分。当时淡江中学第一届音乐班招生，他抱着试试看的心理参加了考试，竟然考上了。

在高中能学习音乐，他幸福无比，他的音乐天赋和才华在这里得到了认同。据他的高中同学回忆，那个时候，他弹钢琴唱歌和打篮球的样子迷倒了很多女孩子。虽然父母亲在他14岁时离异，但是躲在音乐世界里的他却并没有受到太大的冲击。他回忆说：

"12~16岁的日子是我最开心的日子，音乐让我的心灵得到安慰。"

由于偏科严重，还屡屡挂科，他没有考上大学。是先择业还是先就业？这个问题被今天的大学毕业生千万次地问，当年的他也面临这个走出校门后进入职业适应期的经典问题。如果择业，最吸引他的一定就是成为一名歌手，但一个普普通通的17岁的孩子，如何成为歌手？无奈的他几次碰壁以后，选择了在一个餐厅做侍应生——先生存，再谋发展。在餐厅的工作其实很简单，把厨师做出来的饭菜送给女侍应生，再由女侍应生送给客人。即使是这样，他也没有离开自己的音乐世界，他带着一个随身听，一边工作一边听歌。机会终于来了。老板为了提高餐厅档次，决定在大堂放一部钢琴，但连续尝试了几个琴师都不满意。他在空闲的时候偷偷地试了试，结果他的琴声震惊了不少同事，包括他的老板。老板拍着他的后背说，你可以在这2个小时不用干活了。

在餐厅里打工和弹琴让他慢慢开始有公众演奏的机会，也慢慢开始积累起自己的听众。如果没有那个意外出现，他也许会觉得，这样的工作还挺好的。但是，机遇从不会忘记那些执著于梦想的人。1997年9月，他的表妹瞒着他，偷偷给他报名参加了当时台湾著名娱乐主持人吴宗宪的娱乐节目《超猛新人王》。当时的他非常害羞，他甚至不敢上台唱自己的歌，只好找了一个朋友来唱，自己用钢琴伴奏。2个人的演出"惨不忍睹"。但主持人吴宗宪路过钢琴的时候，惊奇地发现这个一直连头也没敢抬的小伙子谱着一曲非常复杂的谱子，而且抄写得工工整整！他意识到这是一个对音乐很认真的人。节目结束以后，他问他：你有没有兴趣参加我的唱片公司，任音乐制作助理？于是，他成为唱片制作助理，在负责唱片公司所有人的盒饭之余，他在那间7平方米的隔音间里开始了自己的创作生涯。半年下来，他写出来的歌倒不少，但曲风奇怪，没有一个歌手愿意接受。其中包括拒绝《眼泪不哭》的刘德华和《双截棍》的张惠妹。当然，2年后他们后悔不迭。吴宗宪有些着急，他决定给这个年轻人一些打击。吴宗宪让他来到自己的办公室，告诉他写的歌曲很烂，当面把乐谱揉成一团，丢进废纸篓里。这是他在音乐道路上遭受的重大打击。然而，吴宗宪第2天早上走进办公室的时候，惊奇地看到这个年轻人的新谱子又放在了桌上，第3天、第4天……每一天吴宗宪都能在办公桌上看到他的新歌，他彻底被这个沉默木讷的年轻人打动了。1999年12月的一天，吴宗宪把他叫到房间说，如果你可以在10天之内拿出50首新歌，我就从里面挑出10首，做成专辑——既然没有人喜欢唱你的歌，你就自己唱吧。10天之后，他安安静静地拿出50首歌。于是就有了他一举成名的专辑《JAY》。

请问：

1. 案例中的他是谁？

2. 如果他上了高中，会怎么样呢？他最重要的选择是什么？

3. 试想，如果他坚持寻找自己喜欢的完美工作：唱歌。那么，他的音乐之路能坚持多久？当找不到完美的工作时，你会怎么做？

4. 如果他因为一次次地被拒绝而放弃，因为被上司讽刺而被打倒，他能成功吗？

附一：青岛市中等职业学校学生实习协议书样本

青岛市中等职业学校学生实习协议书

甲方（实习单位）名称：

地址：

法定代表人：

联系人：

联系电话：

乙方（学校）名称：

地址：

法定代表人：

联系人：

联系电话：

丙方（实习学生）姓名：

家庭住址：

注册学号：

联系电话：

青岛市教育局制

根据《中华人民共和国民法通则》、《中华人民共和国劳动法》、《中华人民共和国劳动合同法》、《中华人民共和国安全生产法》、教育部和财政部制定的《中等职业学校学生实习管理办法》及《青岛市中等职业学校学生实习管理办法》等有关规定，甲、乙、丙三方在平等自愿的基础上经协商签订本实习协议：

一、基本条款

（一）实习地点、内容和期限

甲方按乙方实习大纲及教学内容，安排丙方到甲方地点_____岗位实习，丙方应按学校的教学内容及实习要求，努力完成实习任务。

实习时间：自____年____月____日起止____年____月____日止。

（二）保险

甲方和乙方必须为丙方购买意外伤害保险和实习责任险等相关保险，具体事宜由甲乙双方协商处理。具体约定如下：_____。

（三）工作时间及休息、休假

1. 丙方实行每日工作不超过 8 小时，平均每周不超过 40 小时的工作时间。特殊情况，确需加班的，需经丙方同意，并按有关规定支付加班费。

2. 甲方保证丙方按国家和本市有关规定享受各种休息、休假。

3. 甲、乙、丙三方的具体约定：_____。

（四）实习报酬。

甲方应与乙方协商确定丙方实习期间的报酬。其中属顶岗实习的，甲方支付给丙方的实习报酬不得低于当地政府规定的职工最低工资标准，并以货币形式直接发放给本人，不得扣留或延期发放。具体约定如下：_____。

二、甲方职责

（一）甲方制定实习管理规则，由专人负责实习管理工作，并对实习生进行本单位规章制度及劳动安全等方面的教育，并制定安全预案。

（二）在实习期间，甲方应根据国家及本市有关规定，为丙方实习提供安全卫生条件，配备必须的劳动防护用品。

（三）甲方选派足够数量的、具有良好职业道德、较高专业理论水平和实践技能的工作人员进行教育、指导和管理，组织带领实习学生完成实习任务。

（四）甲方不得安排丙方从事高空、井下、放射性、有毒有害、易燃易爆、国家规定的第四级体力劳动强度场所以及其他具有安全隐患的劳动。

（五）对丙方的出勤、工作表现做出记录；实习期满，做出书面实习鉴定。

（六）丙方实习期间，乙方确需丙方回校参加各类考试或办理毕业派遣手续等其他事情的，乙方应提前告知甲方，甲方应予以准假。

（七）甲方未经乙方同意不得单方面与丙方解除协议，出现下列情况之一的，甲方可向乙方退回，终止本实习协议：

1. 丙方不能胜任实习工作；

2. 丙方严重违反或拒不遵守甲方的规章制度；

3. 出现不可抗拒的因素等。

（八）丙方实习工作期间发生人身伤害事故，甲方有责任及时救治，并及时通报乙方，对伤害事故进行妥善处理。丙方实习工作期间，因甲方、乙方、丙方或者其他相关当事人的过错造成的人身伤害事故，相关当事人应当根据其行为过错程度的比例及其与损害后果之间的因果关系承担相应的责任。当事人的行为是损害后果发生的主要原因，应当承担主要责任；当事人的行为是损害后果发生的非主要原因，承担相应的责任。其中，自杀、自残、自伤事故应由丙方承担全部责任。当事人对丙方人身伤害事故承担的责任比例可由甲、乙、丙三方协商确定。协商不成可向人民法院提起诉讼。

三、乙方职责

（一）乙方应遵循专业对口或相近的原则安排学生实习。

（二）乙方对实习指导老师和实习学生加强管理，严格考核，确保实习计划的落实。

（三）乙方安排实习指导老师跟班或巡回指导检查，及时掌握实习动态，做好实习学生的思想教育工作。

（四）乙方加强对丙方合法权益的保护，对实习期间甲方与丙方之间发生的问题进行协调和处理。

（五）丙方在一年级学习期间，乙方不得安排丙方到企业等单位顶岗实习；不得安排丙方到酒吧（烹饪类专业学生除外）、洗浴中心和夜总会、歌厅等娱乐场所实习。

（六）乙方不得通过中介机构代理组织、安排和管理实习工作。

四、丙方职责

（一）丙方按照乙方实习教学计划的规定和要求，全面完成实习任务，达到岗位规范要求。

（二）丙方严格遵守甲方的各项规章制度和安全操作规程，防止发生人身伤害事故。

（三）丙方故意损坏实习单位各种设备的，按相关规定赔偿甲方的经济损失。

（四）丙方在实习工作过程中应严格遵守劳动安全卫生规程和操作规程，有权拒绝违章指挥，对甲方及其管理人员漠视人身安全和健康的行为有权拒绝执行。

（五）丙方应遵守甲方和乙方依法制定的各项规章制度和劳动纪律，并保守甲方的商业秘密。

（六）丙方提前终止实习，须于 1 周前向甲、乙双方提出书面申请，经甲、乙双方同意后，方可终止本协议。

五、甲、乙、丙三方需约定的其他事项：＿＿＿＿＿＿＿＿＿＿＿＿＿＿＿＿＿＿。

六、本协议的解除、变更、终止

（一）经甲、乙、丙三方协商同意，本协议可以变更或解除。三方就本协议的解除条件约定如下：＿＿＿＿＿＿＿＿＿＿＿＿＿＿。

（二）本协议到期即终止。

七、其他

（一）协议经甲、乙、丙三方签字或盖章即时生效。

（二）甲、乙、丙三方如发生争议，应友好协商解决。如经协商未达成一致的，任何一方有权向人民法院提起诉讼。

（三）本协议一式四份，三方各持一份，报教育行政部门备存一份，具有同等法律效力。

甲方（实习单位）（签字、盖章）：　　　　　　年　　月　　日

乙方（学校）（签字、盖章）：　　　　　　　年　　月　　日

丙方（实习学生）（签字或盖章）：

丙方监护人（签字或盖章）：　　　　　　　年　　月　　日

附二：《青岛市城阳区教体局关于进一步加强中等职业学校学生职业技能鉴定管理工作的意见》

各中等职业学校：

为了贯彻落实《国务院关于大力推进职业教育改革与发展的决定》（国发[2002]16号）和劳动社会保障部、教育部、人事部《关于进一步推动职业学校实施职业资格证书制度的意见》（劳社部发〔2002〕21号）精神，进一步加强我区中等职业学校学生职业技能鉴定管理工作，现提出如下意见。

一、充分认识做好职业技能鉴定工作的重要性

职业资格证书是劳动者具有从事某一职业所必备的学识和技能的证明。它是劳动者求职、任职的资格凭证，是用人单位招聘、录用劳动者的主要依据，也是境外就业、对外劳务合作人员办理技能水平公证的有效证件。要切实提高对职业资格证书制度的认识，充分认识做好我区中等职业学校职业技能鉴定工作、实施职业资格证书制度，是落实《劳动法》和《职业教育法》的重要举措，对提高职业学校的人才培养质量、增强学生就业能力和创业能力具有重要的现实意义。

二、加强对职业教育职业资格证书制度的宣传

各中等职业学校要认真学习落实有关文件精神，广泛开展职业资格证书制度和就业准入制度的宣传教育活动，加强职业指导工作，帮助学生了解当前的就业形势和就业政策，增强学生参加职业技能鉴定的主动性和积极性。

三、加强职业技能训练与考核工作的指导

各校要切实改进实践教学环节，依据专业教学大纲，加强专业教学研究，改善专业教学设施，不断加强学生动手能力，切实提高学生的技能水平。要鼓励学生在校期间学习多种职业技能，实现一专多能，参加多项技能鉴定与考核，以拓宽就业渠道。

四、切实加强职业技能鉴定工作的管理

（一）加强组织管理

区职业技能鉴定中心全面负责我区的职业技能鉴定工作。各单位要在提高对职业技能鉴定认识的基础上，在分管校长的领导下，设立专职人员负责此项工作，明确责任，认真组织，规范程序，有计划地组织学生参加职业技能鉴定。区教体局将根据各校职业技能鉴定的数量和质量作为检验学校人才培养质量的重要指标，纳入年度目标考核。

（二）严格落实职业资格证书制度

从 2010 年起我区严格落实青岛市教育局关于毕业证书发放的有关规定：

毕业证书的核发：

1. 所学课程全部合格（包括实习）；

2. 获得规定的技术等级考核证书或岗位合格证书；

3. 具有相关计算机考核证书；

4. 实行学分制的在达到毕业总学分的同时，必须德育学分和实习学分合格、等级考核和计算机达级。

毕业证书的补发：

1. 毕业时，部分学科成绩不合格，经补考后仍未达到标准，发给结业证书。可以随下一届毕业生一起补考，成绩全部合格可换发毕业证书，其毕业时间自换发毕业证时算起；

2. 参加技术等级或岗位合格考核不达级或不合格者，发给结业证书。毕业后 1 年内经补考达级合格者，持等级证书或合格证书换发毕业证书，其毕业时间仍按原毕业时间计算。

（三）明确工作程序和办法

1. 各学校在每年的 3 月一次性地向区教体局职教科提报当年技能鉴定申请计划（包括鉴定专业、年级、人数），审核备案。

2. 经区教体局职教科审核同意后持相关材料（技能鉴定申请计划、学生花名册）报区职业技能鉴定中心，申请技能鉴定。

3. 区技能鉴定中心统筹安排具体鉴定时间，组织鉴定工作。区教体局职教科相关人员参与监督。

4. 区技能鉴定中心将学生技能鉴定成绩按要求整理好后交职教科存档。各学校按通知时间领取学生技能鉴定成绩。

5. 学生技能鉴定成绩将作为审核学生毕业，发放毕业证书的重要依据。未经备案程序，学校自行联系的技能鉴定将不予认可。

（四）按要求抓好落实

　　规范异地鉴定，落实属地管理制度。我区中等职业学校须接受我区劳动和社会保障局职业技能鉴定中心的考核鉴定。个别特殊专业，确需参加异地鉴定的，须提前报区教体局和区劳动和社会保障局申请（包括异地鉴定的原因、鉴定专业、鉴定人数、日程安排等内容），同意后方可进行，否则不予认可。